手把手教你做
产品经理

张钰婉 / 著

清华大学出版社
北京

内 容 简 介

随着互联网行业的快速崛起及发展，软件和各类互联网产品的设计、市场营销、商业模式、产品运营，以及商业互动管理等领域都发生着深刻的变革。作为产品管理活动的负责人——产品经理，不仅要懂得产品内在的逻辑及原理，还要懂得用户调研、需求分析、商业模式分析、竞争产品分析、数据分析等方法，更要掌握原型的设计、流程的设计、功能逻辑的设计以及交互设计等设计能力。本书从以上多个方面入手，不仅可以让你了解产品经理在企业中的岗位属性，了解作为一名合格的产品经理应具备的软/硬技能，还会让你从不同的产品环节、不同的思考维度逐步进行专项学习以及单项突破。希望每一个想成为产品经理的人都可以通过本书的学习掌握一个产品经理所需要具备的基本技能。

本书封面贴有清华大学出版社防伪标签，无标签者不得销售。
版权所有，侵权必究。举报：010-62782989，beiqinquan@tup.tsinghua.edu.cn。

图书在版编目（CIP）数据

手把手教你做产品经理/张钰婉著. —北京：清华大学出版社，2022.7
ISBN 978-7-302-61317-6

Ⅰ.①手… Ⅱ.①张… Ⅲ.①企业管理－产品管理 Ⅳ.①F273.2

中国版本图书馆CIP数据核字（2022）第122348号

责任编辑：杜春杰
封面设计：刘　超
版式设计：文森时代
责任校对：马军令
责任印制：朱雨萌

出版发行：清华大学出版社
　　　　　网　　址：http://www.tup.com.cn，http://www.wqbook.com
　　　　　地　　址：北京清华大学学研大厦A座　　邮　　编：100084
　　　　　社 总 机：010-83470000　　邮　　购：010-62786544
　　　　　投稿与读者服务：010-62776969，c-service@tup.tsinghua.edu.cn
　　　　　质量反馈：010-62772015，zhiliang@tup.tsinghua.edu.cn
印 装 者：三河市东方印刷有限公司
经　　销：全国新华书店
开　　本：170mm×240mm　　**印　张**：16.5　　**字　数**：181千字
版　　次：2022年8月第1版　　　　　　　　**印　次**：2022年8月第1次印刷
定　　价：69.80元

产品编号：092391-01

前 言

有人说：

"我想当产品经理，因为可以体验如何成为一名经理！"

"我想当产品经理，因为想成为企业内管理岗位的一员！"

"我想当产品经理，因为可以锻炼全方位的能力！"

"我想当产品经理，因为想体验从无到有的'创造'过程！"

"我想当产品经理，因为可以懂得什么叫'团队协作'！"

"我想当产品经理，因为业内流传着这样一句话——'人人都是产品经理'！"

随着互联网行业的快速发展，产品经理的岗位需求日益增多。有多少人想当产品经理，是因为已经完全了解了这个岗位的本质，觉得自己的优势可以在这个岗位充分地发挥出来？又有多少人想当产品经理，仅仅是因为自己从别处看到的信息、从他人口中听来的内容、从网络上看到的过度包装的假象，未经思考而做出的片面性决定？我相信，多数想要成为产品经理的人属于后者。市面上有非常多关于产品经理的专业书籍，用琳琅满目来形容也不为过，每一本书都会告诉你如何去做一名合格的产品经理，却不会告诉你究竟什么样的人适合做一名产品经理。这本书不仅可以使你成为更好的产品经理，也可以帮助你从自身的角度探讨你适不适合做一名产品经理。这本书将全力展现并还原产品经理岗位的"原貌",让你深入了解产品经理这个岗位。

有人说:

"我要当产品经理,但是却不知道从何入手!"

"我要当产品经理,但是网上的信息太多,不知道看哪些资料比较好!"

"我要当产品经理,但是却不知道怎么进行系统学习!"

"我要当产品经理,但是我对这个岗位所需要的'硬技能'完全不了解!"

"我要当产品经理,希望有一本书能够全方位地讲解产品经理所需要的全部技能!"

如果你想当一名产品经理,却有很多困惑,那么这本书可以帮你解决你想要解决的大部分问题。

我撰写这本书的出发点是希望每一个想当产品经理但是又没有基础的初学者,都可以通过这本书掌握一个产品经理所需具备的技能。这本书既有知识,又有方法,还有实践。我从个人的从业经验出发,将多年的所知所得通过这本书分享出来,希望可以帮助每一位想成为产品经理并想在产品经理岗位上大展宏图的人。

当你真的成为一名产品经理的时候,请记住——不要忘记初心。

张钰婉

2022 年 7 月

目 录

第一章 产品经理初体验 /001

第一节 信息时代的互联网思维 /4

第二节 "人人都是产品经理"是一大误区 /12

第三节 产品经理是 CEO 的"学前班" /15

第四节 产品经理的概念及工作内容 /19

第五节 产品经理思维可以应用到方方面面 /25

第二章 产品经理应具备的软、硬技能 /029

第一节 软技能——产品经理的内在 /33

第二节 硬技能——产品经理的武器 /41

第三节 发现优势,利己利他 /48

第四节 你的天赋决定了产品经理的上限 /54

第三章 产品经理技能篇——需求 /059

第一节 需求的概念 /62

第二节 马斯洛需求理论 /66

第三节 如何做有意义的竞品分析 /71

第四节 如何写产品需求文档 /75

第五节 需求在,产品在 /85

089 第四章 产品经理技能篇——商业模式

第一节 商业模式的概念 /91

第二节 商业模式并非只是营利模式 /98

第三节 互联网常见的商业模式 /103

第四节 透过例子看产品商业模式 /107

第五节 市场营销 3.0 时代——以人文精神为中心 /110

115 第五章 产品经理技能篇——"画图"

第一节 思维导图 /118

第二节 产品架构图、逻辑图、路线图 /125

第三节 商业模式画布 /132

第四节 移情图 /136

139 第六章 产品经理技能篇——原型

第一节 进入 Axure RP 的世界 /142

第二节 手把手教你画原型 /146

第三节 原型图的三大种类 /160

第四节 产品经理原型图设计案例 /165

175 第七章 产品经理提高篇——团队

第一节 产品经理并不是"经理" /177

第二节 产品经理与项目经理的区别 /180

第三节　产品经理应该具备领导力 /183

第四节　产品团队成员的职能及产品经理

　　　　如何处理好与各成员间的关系 /186

193 / 第八章　产品经理提高篇——运营

第一节　运营是成长的利器 /195

第二节　如何做大体量 /197

第三节　运营基础知识 /201

第四节　运营提升——推广 /207

第五节　运营提升——引流 /210

第六节　运营提升——激励 /213

217 / 第九章　产品经理要懂得说"不"

第一节　对闭门造车做产品说不！/219

第二节　对需求无优先级说不！/222

第三节　对身为产品经理没有个人主见说不！/225

第四节　对团队当中我最大说不！/228

231 / 第十章　产品经理进阶指南

第一节　不惧开始，不畏失败 /233

第二节　沟通是产品经理的武器，

　　　　团队是产品经理的利器 /235

第三节　活到老，学到老，停滞不前无异于退步 /237

第四节　爱分享，爱生活，才能做好产品 /241

245 / 附录A　网易严选产品测评报告

251 / 附录B　Keep产品测评报告

第一章

产品经理初体验

在这个以互联网产业为主导的知识经济时代，产品经理正演变为企业中至关重要的角色。无论是传统行业、互联网行业还是处于互联网转型期的行业都开始重视产品经理这样的岗位，因此产品经理岗位变得空前繁荣。产品经理岗位的神秘性和光明的前景使许多人趋之若鹜。大家认为这是一个"香饽饽"，都希望自己能够成为一名产品经理。但是，你有没有问过自己："我对产品经理岗位真的了解吗？我是不是仅仅因为觉得其'高大上'才想成为一名产品经理？"

如果你目前已经是一名产品经理，并且已经做了充足的准备，那么你将获取更多的机会并脱颖而出。当然在你不断突破自我、不断向上攀升的时候，企业的领导者对你的要求也会越来越高，随之而来的，你的压力、你的责任只会增加不会减少。所以，在大多数产品经理招聘信息中，都会有一个硬性要求，那就是要具备一定程度的抗压能力。从某种程度上来说，产品经理的确是一个"高压"职业。

目前，企业对于优秀产品经理的需求很大。企业需要在互联网这个大舞台上成功地突出重围并在市场竞争中占据优势地位，在这场竞争中产品经理扮演着至关重要的角色。一个产品实现从零到一的突破需要很多部门共同参与，产品经理更是肩负着让这个产品成功的重大责任。

以我的自身经验来说，本人并不是从大学毕业后就从事产品经理一职，而是先做了一段时间的硬件工程师，之后转型为产品经理。在这个转型的过程中，作为当事人一路走来并不容易，所有的内容都需要自学，包括产品生命周期管理、Axure 软件的学习等。那时，我很希望能够有一本这样的书——它讲述最基本的原理，能够让读者成体系地了解产品经理这一岗位,从而一点一滴地掌握产品经理所需具备的各项技能。

作为题外话想提及一点,如果你是一名刚工作一两年的"社会初入者",那么一旦觉得自己所处的行业不适合自己,请立刻思考,并根据自己这几年的工作经验,以及自己所具备的优势进行分析——究竟什么样的行业或者什么样的岗位才适合自己,从而做出转行或者转岗的快速决断。不要在自己不适合的岗位上浪费过多的时间,这是给那些正处于困惑期的刚就业的职场人士的建议,因为我同样经历过这样的抉择,所以深知时间对于一个职业人士是多么宝贵。我们要想尽办法在尽量短的时间内做出适合自己且正确的决定。

本章主要让读者了解产品经理的岗位职责、互联网思维、产品经理所需具备的技能等基础性内容。

深入的了解可以让我们更快速地成长。

第一节　信息时代的互联网思维

从阅读纸质图书到阅读电子书，从收发短信到语音聊天，从看报纸到浏览微博，这些发生在我们身边的不经意的改变都在昭示着我们正处于大变革、大转型的信息时代。现在我们的日常生活已经离不开手机，无论走到哪里都要随身携带一部手机。的确，手机可以带给我们片刻的某种程度的"安全感"，但是手机如果没了互联网的支持也不过是一块"砖头"，所以我们真正离不开的不是手机，而是互联网。我们依赖互联网带来的即时性信息，依赖互联网带来的便捷服务，也沉浸在互联网带来的"无所不知"的感觉中。无疑，互联网正在悄无声息地迅速改变着我们生活的方方面面。

互联网思维是商业时代的产物。互联网思维与任何具体的行业行为无关，与任何具体的公司无关，与任何具体的人无关，它是一种系统化思维方式。无论是传统产业还是互联网产业，或者是物联网产业，这种思维方式都会日益融入我们的工作和生活，并会在其中发挥越来越重要的作用。

未来因为大势所趋，每一家公司都必将被要求转型为"互联网企业"，传统企业将不复存在。这并不是说互联网企业替代了传统企业，而是互联网思维将成为所有企业（无论是传统企业，还是新兴互联网企业）乃至所有人的必备素养，就像我们离不开水一样，我们的工作和生活也会变得越来越离不开互联网。

我们不要将互联网思维想象得多么复杂，或者认为它多么高深，它仅仅是商业模式更迭的一个产物，是新的商业模式替代传统的商业模式的一个结果。只有主动拥抱它，互联网思维（见图1-1）才会被我们拥有。

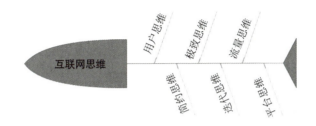

图1-1　互联网思维鱼骨图

用户思维——以用户为中心

我们在日常生活中使用的App属于产品，喝的饮料属于产品，使用的家用电器属于产品，甚至我们看的视频节目也属于产品。无论产品是App、网站还是硬件，无论它们以什么样的形式展现，产品的最终服务对象都是用户——人。所以在互联网思维中，用户思维处于核心位置，没有用户思维，其他的都是空谈。

举个简单的例子，小A的企业生产的是年长者使用的智能手表，因此这个产品的目标用户已经定型。既然是年长者，那么手表的所有设计细节都要围绕年长者这样的特殊用户群体展开。比如，智能手表上的按钮要设计得清晰醒目并且很容易被按下，阻力要尽量降低，显示时间的字号要足够大、足够醒目。对于这样的产品，追求新颖时尚是错误的，因为相对于新颖时尚的产品，年长者群体更需要实际耐用的产品。这就是用户思维。要针对你的目标用户群体设计适合他们使用的产品，只有让你的目标用户群体满意，产品才会具有价值，否则，一切都将是空谈。

不仅仅产品的设计要以用户为中心，售前的客户服务、售后的维修服务、产品的包装设计等，一切能与用户沟通的环节，都要以用户为中心。如果用户不仅喜欢你们的产品，还喜欢你们的服务，甚至可能成为你们品牌的忠实粉丝，那么就有可能达到品牌营销的战略目的。

简约思维——加法容易，减法难

很多做产品失败的企业，往往会陷入这样的苦恼：我们有非常专业的技术团队，产品功能也符合用户的需求，而且我们将用户需要的所有功能都罗列上去了，样式设计也够时尚美观，为什么产品的用户还是这么少呢？这样的团队失败的原因往往不是成员的技术有多么差，或者需求有多么不合理，而是成员只会做加法，不会做减法——他们将所有功能都罗列上去导致了他们的失败。

做加法特别容易，在现实生活中随便想到的任何点子都可以作为一个新的需求添加到产品中，但就是在这样的不断添加下，产品出现了负载过重、重心太多、过于凌乱的问题。作为初创企业，如果我们连专注都做不到，就会很难生存下去。对于新上市的产品，不能求功能多，而应该关注其独特性。

简约思维可以满足我们的需求。如果你的产品能让用户少操作一步，那么相对于其他的产品客户就会更喜欢你的产品——就是这么简单。所以在做产品时，不要想着怎样不断增加东西，而是要思考如何减少它所提供的东西，从而达到简化产品的目的。大家在做一件事情的时候肯定也有这样的体会：当专注地做一件事情时，往往效率是最高的，但是同时做很多事情的时候，尽管看起来很专业，实际上根本无法发挥到最理想的状态。所以，不要为了表面的"专业"而去做不经过甄选、不经过思考的"添加"动作，要知道一旦将其添加进去，舍去就会很困难。

极致思维——产品成功的利器

直播是近年来被炒得非常火的一个元素，而极致思维在直播领域得到了很直观的体现。

当下的互联网行业，只要有一个元素被炒作起来，就会有成百上千个企业追赶这个潮流，然后大家一起比拼谁的功能最先进，谁的界面最优良，最后"一起"把这个元素做到无限内卷的境地。这是互联网的优势所在，在深度挖掘需求以及研究竞品的层面上，不少互联网企业做得非常出色。手机软件商店里有很多直播软件，它们想要脱颖而出并非易事，因此才会有极致思维的诞生。

抖音短视频可以说是短视频发展到后期突然爆火的一个视频类社交软件，在如此短的时间内收获如此巨大的流量可以说很了不起。抖音之所以可以在众多的短视频社交类软件中脱颖而出，最重要的一点就是抖音并没有按常规做法做短视频软件，而是针对其中一个点，即"拍摄＋音乐＋抖"的形式，提供以音乐为主题的短视频展现形态并将其作为主打功能，上线后期在运营团队的不断强调、不断深化下，最终打造出了自己的特色。抖音抓住并解决了用户的痛点，这个痛点就是抖音能够在众多的短视频软件中脱颖而出的原因。失败的产品各有各的原因，成功的产品却大多拥有相似的原因——"我有你没有"，具备极强的核心竞争力。

当你将一个产品所有的部分都做到精致（图标做到精致、字体做到精致、界面做到精致、功能设计做到精致、硬件外观做到精致、售前售后服务做到精致、与用户沟通的渠道做到精致）时，这个产品就是一个非常精致的产品——一个能够让用户惊叹的产品（见图1-2）。

图1-2 极致思维

极致思维就是把产品在各个层面都做到极致的思维。

迭代思维——不断地更新，更快地成长

硬件产品可能还体会不到迭代思维有多么重要，因为硬件产品迭代周期较长，产品稳定性相对于软件产品要求更高，所以研发时间通常都比较久。但是对于互联网产品，特别是移动应用型产品，迭代思维是不容忽视的一个非常重要的部分。我们在做移动应用型产品时，

通常都被要求尽早将其推到用户面前——尽早上线，然后根据用户的反馈，及时地更新迭代产品，不断地丰富产品的内容，使其更符合用户期待，从而做到尽善尽美。

移动型应用产品是没有终点的，其永远具有继续完善的空间。所以无论做哪一个行业，也不管迭代周期是长还是短，我们都要有这种迭代思维，因为只有不断地更新，才能不断地获取更深层次的反馈，从而更快地成长。

人的成长也是一样的。人的成长得益于不断地输入，但是如果你想成长得更快，那就需要输出、输入结合并互相起作用。比如你将输入的知识吸收消化后，将它整理、添加到自己的知识体系中，再通过自己的理解输出，这时你会得到他人的反馈。这些反馈以及你在输出过程中得到的感悟都是促使你成长的主要因素。在输出的过程中你可以获取更多有价值的信息，这些信息是你在输入过程中无法得到的宝贵资源。成长的"捷径"是用对"方法"。

迭代思维要求不断地迭代，更快地抢占先机，不断地更新，更快地成长。

流量思维——企业发展的加速器

在互联网时代，对于很多新型企业来说，评价一个企业实力是否雄厚的依据已经不再是销售额或者销售量，而是这个企业的产品流量。在互联网时代流量意味着体量，通俗讲就是有多少用户正在使用企业的产品。流量越大，该企业产品的用户数就越多，企业就会有更多机会推广它的信息，此时用户资源就成为这个企业的核心资源。通常广告主投放广告会选择那些人流量较多的地段，其实这是一样的道理。

流量是互联网产品实现盈利至关重要的一点。没有流量就不要谈盈利，甚至能否在巨大的数字洪流中生存下来都是问题。现阶段，在互联网行业中，通常衡量产品是否成功的主要依据就是流量。

有资金实力的广告商都会请明星代言产品，主要的原因就是想利用明星身上的超高流量以及热度，让广告广泛传播，从而实现KPI指标，进而有机会让更多人看到、知道企业的产品，提高曝光率。明星的商业价值其实都是明星的粉丝带来的。粉丝越多，明星的商业价值就越高，带给企业的回报就越理想。

平台思维——合作才能共赢

很多互联网公司并不提供产品与服务，其主要业务是搭建平台化的环境。众所周知，大型企业（如百度、淘宝、58同城）都在搭建平台，这些企业主要利用平台资源营利。我们可以将这类企业理解为"中介"一般的角色。"中介"的一端是能够使企业营利的客户，另一端是能为客户创造利润的用户，而"中介"仅仅提供了一个曝光度颇高的平台，让两者能够有更多的机会接触并能够共同受益，而自己也会从中谋取不同程度的利益。

简而言之，平台思维可以将共赢思维做到极致。企业要规划一个平台，除了需要丰富的用户资源，还要吸引更多的内容提供者。只有作为主体的内容提供者提供更多、更丰富、更吸引人的内容，才能达到共赢的目的。一般这种平台化企业都是实力相当雄厚的，不建议中小型企业转型做平台型产品，因为其以现有的资源很难与互联网行业的巨头竞争。相反，中小企业可以利用现有的第三方平台实现传播，不断成长并从中获利。

总结：

对于互联网思维，我们不要将它"捧上天"，无论你从事什么行业，互联网思维都将成为你生活中必不可少的一部分。

第二节 "人人都是产品经理"是一大误区

产品经理岗位在互联网时代很流行,无论是传统企业还是互联网企业都开始招募产品经理,由此也产生了一种说法——"人人都是产品经理"。

如果从片面的角度来思考,其实我们身边的一切都可以被视为产品,当然我们本身就是一个独一无二的"产品",仅从这个角度看确实人人都是产品经理,在这个"是金子总会发光"的时代,每个人都可以成为一个品牌,也都可以打造出一个IP(知识产权),也可以做自己的运营:内容运营、好友运营。内容运营就是不断地丰富自己的知识体系,不断地进行输入,构建独有的知识结构体系,丰富内在;好友运营是指搭建自己的人脉关系,扩大自己的影响力。在我心中,最牢靠的好友运营就是以真心换真心,只有用真诚换来的"运营关系"才会长久,才会牢不可破。

但是如果从真正的产品经理这个岗位来看,绝对不能说"人人都是产品经理",一个产品经理要懂需求、懂原型、懂设计、懂运营、懂业务、懂市场、懂数据分析、懂市场营销、懂部分技术、懂人性、懂沟通、懂合作(见图1-3)。我欣赏的产品经理都不仅仅是优秀的产品经理,同时也是文笔不错的"作者"。我们在网络上看到的关于产品的优秀文章,很多都出自产品经理之手。

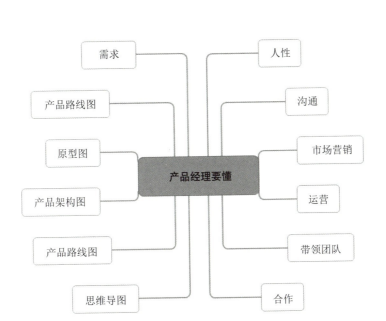

图1-3 产品经理必备的素质

所以，在这条路上，你需要不断地输入知识，进行消化，再继续输入，从而实现自己的"迭代升级"。你所做的产品要不停地进行迭代升级，作为它的"父母"，你的思维理所当然更要迭代升级。产品会跟着时代变化，用户需求也在变化，作为产品经理你始终要走在用户乃至产品的前面。

所以，从职业角度看，真的谈不上"人人都是产品经理"。目前，产品经理也有了"泡沫化"趋势。在我们的学生时代，这个领域是我们未接触过的，我们对这个岗位知之甚少。我们所获得的更多的信息来自别人之口或网络，但是这些信息很难转化为我们自己的内在内容。作为产品经理，最重要的一点就是自我思考，知识只有经过自己思考才能真正为我所用。

总结：

每一个人都是自己的产品经理，但是不可能每一个人都可以成为产品经理。一个产品经理要懂需求、懂原型、懂设计、懂运营、懂业务、懂市场营销、懂部分技术、懂人性、懂沟通、懂合作。所以，你只有不断地进行自我迭代升级，才能真正成为一名合格的产品经理。

第三节 产品经理是 CEO 的"学前班"

在产品圈流传着这样一句话：产品经理是 CEO 的"学前班"。这句话足以显示企业对于产品经理的重视。毋庸置疑，产品经理决定着一个产品的前景。因此，企业对产品经理的选择非常慎重。这导致了产品经理职位的火热，也使许多人对产品经理职位的认识进入了误区。

产品经理可以称为经理吗

产品经理并不等同于经理。简而言之，产品经理没有经理的行政人事权，没有办法为自己的产品团队招聘技术人员，或者辞退团队成员。产品经理在企业内部的作用更多是与团队成员沟通以及驱动团队成员。

你可以将产品经理视作一名船长，这个角色是被更高的领导委派的。这个船长主导设计了这艘船，并且参与了这艘船的制作，最终让这艘船成功地出了海，但是在制作和出海的过程中他没有办法招聘、辞退或者委派他人做事，他的任务就是让每个人各司其职，并且让每个人的工作产出符合他心中所想。这个船长就像整个团队中的黏合剂，他让整个团队的人团结在一起，向着一个目标努力，并且在合理的时间内使船成功地行驶到彼岸。

对于产品经理来说,他不仅要和团队内的成员打交道,还要和团队外的成员甚至是合作伙伴打交道。当一个人没有经理实权时要让别人心甘情愿地为他做事,就得依靠个人的人格魅力了。

产品经理和项目经理的区别

产品经理可以充当项目经理的角色,但是项目经理没有办法充当产品经理的角色。产品经理需要对产品生命周期负责,负责驱动产品设计、开发、市场、运营等部门的相关人员,与他们合力使产品完成整个生命周期。产品经理负责一个产品由 0 到 1 的整个过程。

一个产品可以分成 N 个项目,项目经理仅是其中一个项目的全面负责人,其通过一系列的沟通合作,在规定的时间内合理实现项目目标。项目经理负责的是一个项目从开始到结束的整个过程。

从职能上来区分,产品经理重在策划,项目经理重在行事。产品经理要做出正确的符合用户需求、符合市场需求的产品策划方案,目的是成功地解决用户痛点,并且能够为企业创造价值。项目经理负责将产品经理策划的内容逐个、分步骤地进行专项突破,并且执行到位,让项目内的各个成员各司其职,并在限定的时间、成本以及资源下完成项目目标。

从时间上来区分,项目的生命周期包含在产品的生命周期中。当项目成功交付时,项目组内的成员也会跟着解散,投入下一个项目;但是产品即使已经成功交付,也会进入下一轮的迭代升级,只要产品没有停止运营,产品就一直处在其生命周期内,产品团队就需要一直坚守下去，不会解散。

当然二者也有相同点，都需要具备一项非常重要的技能——沟通。沟通说起来容易做起来难。产品经理策划的内容即使再合理、再顺畅也需要整个团队一起配合才能实现；项目经理即使时间规划得再好，没有项目成员齐心合力的配合，项目也不可能顺利完成。

产品经理是否可以担任第一领导者

对这个行业不是很了解的人，都会认为产品经理是一个可以在企业内担任第一领导者的重大角色。这是整个社会对于产品经理岗位的一个误解。我不否认，如果你在产品经理岗位发展得很好，那么你会有很好的前景，因为产品经理确实是一个最接近CEO的角色。产品经理这个岗位对统筹能力的要求比较高，并且这个岗位可以成为最好的培养人的平台。当产品经理的眼界足够广的时候，他就是一个未来的CEO。CEO作为一个公司的高层管理者，对整个企业以及员工拥有话语权，但是产品经理却不会成为企业内部运筹帷幄的风云人物。

产品经理是一个需要主动与他人沟通、主动协调产品进度的执行人。在产品的策划、设计、开发及执行阶段，有80%以上的工作需要产品经理去沟通、去组织、去协调。产品经理并不是大权在握、呼风唤雨的角色，切记摆正姿态。唯有谦虚主动，才能得到团队成员的尊重与信任，工作也才能顺利地进行。

总结：

产品经理没有经理的人事管理权；产品经理和项目经理的工作职能完全不同——产品经理重在思考，项目经理重在执行；产品经理虽然被认为是CEO的"学前班"，但是不具备CEO那种运筹帷幄的能力；作为产品经理，最重要的是摆正自己的姿态，唯有谦虚、主动、好学，才能不断地进步。

第四节　产品经理的概念及工作内容

本节帮助读者了解产品经理究竟是一个怎样的岗位，以及产品经理对于产品是一个怎样的角色。

产品经理的概念

产品经理的英文名称是 product manager，简称 PM。维基百科对"产品经理"是这样阐述的：A product manager communicates product vision from the highest levels of executive leadership to development and implementation teams. The product manager is often called the product "CEO". The product manager investigates, selects, and drives the development of products for an organization, performing the activities of product management.（产品经理通常被称为产品的"首席执行官"。产品经理需要负责调查、选择和策划整个产品的发展规划方向，并且要作为主要负责人执行产品管理的活动）。除此之外，产品经理还要具有高水平的沟通技巧与企业团队、开发团队、实施团队以及其他领域的人员进行沟通（见图 1-4）。

产品经理要通过有限的职权对未来产品的展现形式负责。他不仅要具备不同领域员工的思维，以便和不同阶层、不同专业、不同文化背景的人共事，还要具备企业家的头脑，制定产品的宏观愿景。产品经理的工作涉及产品开发过程中的每一个环节。产品经理必须熟悉并懂得运用"多种语言",能够顺畅地和客服、营销人员、工程人员、开发人员、企业高管、数据分析专家等相关人士进行沟通,协调工作。

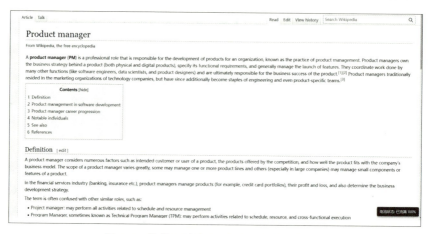

图1-4 维基百科关于"产品经理"的定义

目前在国内,根据企业内部战略的不同,产品经理的工作内容及职责不尽相同。有些企业以运营为导向,在这样的企业中,产品经理的角色更像一名项目经理,只是这个项目经理还需要画原型,提需求的通常是运营方,产品经理更多承担沟通、协调的工作。还有些企业以产品为导向,在这样的企业中,产品经理具备更多的话语权及决定权,可以大展拳脚。所以,在不同的企业,产品经理的姿态有所不同。这取决于企业对产品经理的定位。

产品经理在团队中担任的角色

企业管理者更在意企业整体的发展方向;程序员想的是如何将程序写好、将逻辑关系处理好,维护系统的稳定,减少漏洞的发生;设计师想的是如何将产品设计好；运营人员只和各种各样的数据打交道，不关心技术是否容易实现。这时候就需要一个人将所有不同领域的专业人士整合成一个创造面向用户的可用实体/应用的团队。

接下来将用生活中的例子解释产品经理究竟是一个怎样的存在。

对于每一位产品经理来说，产品就像他的"孩子"，他创作、制造以及培养了它，他对这个孩子付出了心力、灵感和努力。

这个产品未来要吸引什么样的用户群体，市场定位是怎样的，未来靠什么为企业赢利，都需要产品经理思考。当然答案并不是产品经理自己杜撰出来的，而是他根据整个市场行情将产品与同时期的竞争产品做对比，分析总结出来的。

为了使产品经理的构想变成可见的接地气的产品，设计师、程序员、架构师、运营团队等不同的角色要相互配合，共同努力。设计师负责设计这个产品的外观。不同产品的设计内容是不同的，软件产品设计的大部分是 UI，制造业产品设计的大部分是其外观、结构等。程序员的任务是将设计师制作出来的外观部件组合起来并实现产品经理提出的功能。根据工作具体内容的区别，程序员还可以分为很多种，如前端工程师、后端工程师等。架构师是个具有宏观视角的人，其任务是设计整个内部系统的信息流通方式，即信息要怎样流通才能使产品具有足够的稳定性、可靠性。产品诞生后"运营团队"就要接管了，他们要考虑的问题是：怎样让这个初来乍到的产品在成熟的市场中脱颖而出？怎样使其具备一定的流量，并将流量转换为收入？

举个现实生活中的例子。在激烈的竞争环境中，你要知道自己孩子的竞争力在哪。孩子具有舞蹈方面的天赋，你就不要逼着他学习钢琴。你还要看清孩子未来可能的发展方向，选择了舞蹈，那么舞蹈也有很多不同的种类，你该怎么选择？学校里很多同学学习芭蕾，你的孩子该不该学？作为父母应该看清当前的形势，如果另辟蹊径去学很有市场潜力的街舞，使孩子拥有差异化的竞争能力，以后的发展可能会更轻松。放在产品上也是如此，找到合适的发展路径是产品成功的基础。

为了让大家更好地理解，我结合自己的工作与大家分享一下产品经理的工作重点，以及团队成员的分工情况。一次领导要我做一个与在线学习有关的产品。收到任务后，我开始深入分析指定目标用户人群的需求点。此外，还要在现有的体系中找出我们的竞品，研究对手公司每个产品的特点，并且要想办法知道他们为何这样做。然后根据现有需求，制订能够体现我们产品最大差异的方案，这个方案可以被理解为产品的"DNA"。"DNA"设计好以后，就可以交由设计师进行设计了。设计师所设计的就是这个产品的外观和组件。设计阶段完成，前端工程师开始执行，将设计图和相应设计图标组合起来，制作可以操作的静态页面，与后台数据进行关联。

产品架构是整个系统稳定的基石，由此可以说，架构设计师负责处理整个产品的逻辑点，将每个功能点串联起来，交由后端工程师进行接口处理。接口处理好以后，即可与前端工程师设计的页面进行对接。这个时候，整个页面就是一个可以真正操作的实体了。

等这个产品可以使用以后，运营人员即可参与进来，开始具体的产品推广工作。

归根结底，产品经理可以赋予产品最重要的东西：一是"DNA"，二是"强健的体魄"。

"DNA"是决定产品成功与否的关键因素，即产品的定位、主打的痛点、目标用户群体以及需要满足的用户的需求及功能。

"强健的体魄"指产品的结构层与架构层。唯有产品的信息架构、布局、流程、交互等设计得合理、稳定，才能使产品具有"强健的体魄"，不至于在投入使用后"返厂修理"，耗时、耗力，也耗财。

产品经理的主要工作内容

产品经理要负责管理与产品有关的所有事务，使产品能够满足目标用户群体的使用需求，以及为企业带来更多的未来价值。产品经理的工作内容可以分为两大类：临时性内容与策略性内容（见图1-5）。

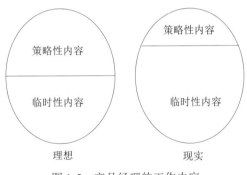

图1-5 产品经理的工作内容

举个简单的例子，小A目前正在规划一个产品的迭代，她本来给自己安排的是本周内将迭代原型画完，这属于策略性内容，是自己主动提前规划好的内容。而实际情况是，她大部分的时间都在与设计师沟通产品界面如何修改，与程序员沟通某个功能如何实现，所以她的原型设计工作频频被推后，执行时间被压缩。这些琐碎又紧急的事情就是临时性内容。时间分配的理想比例一直是产品经理努力追求的目标，但实际情况却往往与规划的背道而驰。在现实生活中，产品经理会花费更多的时间处理紧急/临时的事情。

第五节　产品经理思维可以应用到方方面面

对于产品经理来说，非常重要的一项工作是和人沟通肉眼看不见的想法，无论是在产品的开发阶段、营销策划阶段还是运营阶段，都要努力实现产品的概念及自己的想法，以确保开发和运营过程可控。所以对于产品经理来说，思维非常重要，它虽然无形且不可描述，但决定了产品经理的层次。

苹果手机为何能成为手机界的翘楚，腾讯 QQ 以及后来的微信为何能在当时众多的聊天软件中脱颖而出，其背后有非常复杂的原因。

销售可以分为三个等级：三流销售卖产品，二流销售卖服务，一流销售卖品牌。

苹果手机在手机界的地位不可撼动，大概是因为它把简单做到了很高的境界。苹果手机不仅外观上简单，其内部操作也非常简单。苹果手机开创了手机界面的先河，通过一个主按键（Home 键）即可控制整部手机，省去了很多冗余的操作，极大地提升了用户体验。

然而，从深层的角度探讨，苹果手机又是极其复杂的。在后台，苹果手机提供增值服务。通过 iTunes Store 服务平台、App Store 应用平台，苹果真正实现了有形产品和无形服务的融合。苹果公司为什么要花费巨大的人力、物力、财力来搭建后台体系呢？用过苹果手机的人都知道这种体系带给他们的便利，苹果手机正是以服务的方式让用户离不开它。

研究一款好产品是非常有趣的一件事情，苹果手机的成功亦可以看成苹果公司战略的成功。单就外观、用户体验来说，苹果手机给人的感觉就是简单、实用，但是它背后的整个体系却是极其复杂的。

我在思考产品的时候常常会联想到人。如果产品可以是任何东西，那么换个角度来说，人未尝不是一件产品。如果将人看成一件产品，那么这个人就是这件产品的产品经理，这个人的人格就是产品的基础，带给他人的感受就是产品的用户体验，这个人的思想就是产品的灵魂。随着思想层次的不断提高，你可能会发现思想越丰富的人，往往在做人上越简单，这与苹果手机的设计理念是一个道理。

少就是多（less is more）非常适用于产品，对于人来说也如此，你身边的人就是你的用户，让用户体验良好是你的责任，一个简单、擅长倾听的人会让用户感到舒服。我曾和身边的人说过这么一句话："让与你谈话的人感到舒服是一种能力，是一种非常重要的能力，是一种懂得尊重的能力。"

一个人在公众场合说了某些话、做了某些事让你难堪，这可以归结为玩笑吗？任何玩笑、调侃都要建立在尊重的基础上。所以，不要尝试触碰别人的底线，要尊重每个人的差异。

一个优良的产品，必然是能为用户带来便利的产品；一位优秀的人士，必然是能够给身边的人带来正能量的人。从本质上来说，产品能够为公司以及个人带来效益，带来的效益越高说明这个产品越成功；对一个人来说，为他人和社会创造的价值越大，说明这个人越杰出。

总结：

  产品经理思维是可以应用到方方面面的，如身边使用的一切物品、喜欢的电视剧、有趣的综艺、节目等。闲来无事可以按产品经理思维思考：他们为什么要这么策划？为什么他们会有众多的用户、众多的粉丝？是什么魅力、什么切入点使他们留住了用户或粉丝？他们是怎么发挥并提高自己的影响力的？

第二章

产品经理应具备的软、硬技能

我个人非常认同的一个观点就是：方向比努力重要。很多人在做着发挥不出自己优势的工作。或许这些人也在拼命地努力，希望能在这条不适合自己的路上获得成功，只是这份努力很有可能收效甚微。虽然你付出了辛勤的劳动，付出了大量的时间和精力，但是达不到预想的目标，这是因为你在最开始选择的时候就已经犯下了错误，现在所处的方向根本就不适合你，所以即使你付出了努力也很难突破瓶颈，获得想要的成绩。

你刚开始找工作时，可以思考一下自己身上具备怎样的优势，并根据你的优势选择未来的职业。因为当你能在工作中发挥优势时，你会感到轻松、舒服、自在、得心应手，甚至可以在较短的时间内让自己迭代升级为"2.0版本"，从而迈向更高的台阶，获得更快的成长。

对于产品经理来说，画原型、写需求文档、做竞品分析、画思维导图、画架构图等都是产品经理所需具备的"技能"。而天赋、思维、审美、逻辑、爱好、价值观等却是产品经理工作的"源泉"。我们现在处于一种可以通过多方渠道获得知识的时代，每个产品经理的"技能"水平可能都差不多，但每个人的"源泉"却千差万别。这就是为什么我说产品经理是个对综合能力要求比较高的岗位，不是你想做就能做好，也不是你通过不懈努力就能做好的。

很多人具有做产品经理的天赋，这样的人只要稍加努力就可能获得比他人更多的晋升空间。可能有人会觉得不公平，但我觉得这没有什么不公平的，因为他们深知自己的优势并选择了可以将优势无限放大的职业，这就是他们成功的关键。你没有他们成功是因为你没有这种思维方式，自然你的路就比他们难走很多。选择比勤奋重要，有些人非常勤奋，但收效甚微，每天都在抱怨自己不走运，实际上他们的工作根本发挥不出他们的优势，而且每天的工作内容都是不断地和自己的短板做斗争。这样的情况下是很难获得理想的发展的。

我们常会被灌输这样的理念：要想成功、要想做出成绩，就要不停地弥补自己的短板。我们努力让短板达到普通水平，而对于优势往往持漠然态度。实际上，你的短板能弥补到的最好的结果也就是普通水平，当你所有的方面都是普通水平的时候，你就是一个平庸之人。世界上伟大之人都是通过开发自己的优势取胜的，所以应该放弃这种思维方式。正确的方式应该是对于短板进行适当的控制，然后不断发展自己的优势，当你的优势发展到别人无法企及的程度的时候，它就会成为你的标签，成为你成功的利器。你的优势决定了你的无可替代性，更决定了你的核心竞争力和你的价值。

产品经理的分类如图 2-1 所示。

图 2-1 中所提到的前端产品经理注重的是视觉效果、用户体验、界面元素设计、交互设计等；后端产品经理则更注重逻辑性与功能性的有效组织。后台设计基本是由大量的列表组成的，没有美观度，也就没办法给自己带来特别大的成就感，另外后台设计要比前台设计更需要逻辑思维，因此更难。一句话总结：前端产品经理更需要

设计以及高度审美能力，后端产品经理则更需要较强的数据逻辑分析能力。

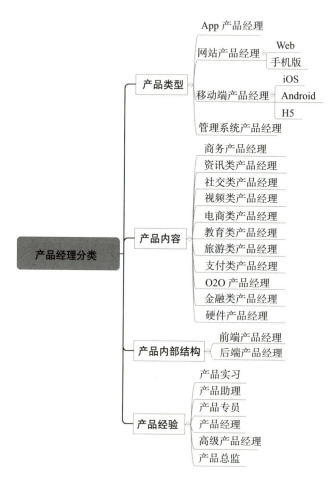

图 2-1　产品经理分类

第一节　软技能——产品经理的内在

如果你立志成为一名产品经理，可以先了解产品经理需要具备的软技能和硬技能，对比这些技能与你自身的优势是否相符。如果相符，那么你选择做产品经理就是正确的；如果不相符，那么就去寻找可以发挥你优势的岗位。

产品经理这样的岗位对软技能的要求远远高于对硬技能的要求，但绝不是说硬技能不重要。硬技能是可以通过后天培养的，只要你愿意为此花费时间和精力，并且能够专注地学习，掌握产品经理的硬技能仅是时间长短的问题。相对于硬技能而言，软技能是没有办法快速"复制"的，也就是说你无法像学硬技能那样，从他人那里学习过来直接使用。每个人都有自己的软实力，这些软实力蕴藏在能力背后，它们无形且不易被发觉，但是它们时时刻刻影响着你所做的一切事情、一切决定。软技能有些是个人天赋，有些是多年沉淀下来的经验，不是你学习了、照搬过来就可以的。它就像树根一样，驻扎在人心灵最深处，且无任何存在感。

举个例子，一个具有高水准审美的人，他的审美技能不是一朝一夕得来的，而是在漫长的岁月中积淀下来的。这样的人画出来的原型必然具有可观性，也比较清晰易懂，当他将此原型交给设计师的时候，自然会影响设计师接下来的设计过程，虽然具体的图标、界面、样式都是设计师设计出来的,但是产品经理却在其中起了决定性的作用。要知道,将不同的原型交给同一个设计师,设计出来的东西是截然不同的。这样具有高水准审美的人主导的产品设计自然会具有比较高的格调。

所以不要因为软技能看不清摸不到,就认为它很浮夸、不实用。其实它非常重要,重要到它在潜移默化中决定着整个产品的品质、格调及质量,也决定着产品经理所能够达到的"等级"。

产品经理需要具备的软技能是多种多样的,可以将其概括为两大方向:理解世界和理解他人(见图2-2)。

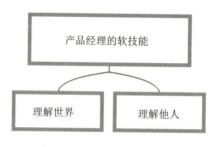

图2-2 产品经理需要具备的软技能

理解世界

目前,虽然社会对产品经理的认知没有一个固定的理想模型,但是每个人都会认为产品经理需要具备企业家那样的领袖气质与才能。简单来说,产品经理在管理产品的过程中要具备企业家的大局观、领袖精神,能够知人善用,有逻辑清晰的头脑,懂得用多维度思考方式考虑问题,还要有气场(见图2-3)。

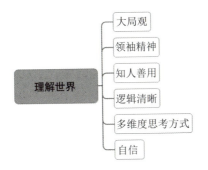

图 2-3　理解世界——产品经理需要具备的素质

大局观。理解世界是要具备大局观的。作为产品经理，你在整个团队中不仅代表你自己，你的存在不仅仅是为了实现产品从上线到下线的整个过程，而是要让产品与这个世界紧密相连。这个世界是复杂而又精彩的，你要通过你的思维方式探索这个世界，进而探索产品开发的全部环节。

作为一个产品经理，你要走在用户的前面，更要走在产品迭代的前面。因为你想得越多，产品的未来才会越清晰。大局观不仅可以使你知道产品如何迭代下去，更能帮助你从多重角度看待产品的未来发展，就像企业家看待公司的长远发展一样。

我喜欢的一个美国职业篮球队——马刺队的主教练波波维奇就是一个非常具有大局观的人，轮休制度可以说就是从他这里兴起的，当然这要归功于马刺队管理层的一致认可。为何这么说？因为美国职业篮球虽然是一个竞技体育类节目，但它毕竟是在商业的基础上运作的，可以称之为商业篮球，票房收入要占美国职业篮球联盟收入的很大一部分。采用轮休制度必然会导致票房下滑，但是可以保障球队成员的健康，从而为获得最后的总冠军做更充分的准备。

大局观就是以失换得，以获取更长远的发展。

领袖精神。产品经理是没有权力的产品 CEO，在这样的情况下，需要依靠影响力、领袖精神来带领团队实现产品以及公司目标。

前期策划过程仅仅是产品经理工作的开端，后面实际执行阶段才是产品经理工作的重中之重。在执行阶段，产品经理常常在企业的各个部门之间周旋，组织协调各种事宜。因此，产品经理要成为一个"通才"，他要了解其他部门的职责、职能，还要建立彼此间的尊重关系。若要让对方尊重你，你就要具备领袖精神，让成员信服于你，并且愿意听取你的建议。领袖精神需要你具备一种气场，这种气场可以使你不怒自威，可以让他人信服于你，可以让你成为团队领头人。

知人善用。对于一个产品，产品经理要提出合理的需求，真正将其创造出来的是产品团队内的设计师、软件工程师、硬件工程师、制造工程师等真正的技术人员。

企业家可以决定人员的去留，而产品经理只能管理和带领，没有办法支配他人。

产品经理做到知人善用的前提是要懂得识人。识人是指能够在短时间内分析出他人的优缺点，并且知道如何放大、发挥他的优势，如何回避他的劣势。从而将其放置在合适的位置上，将他的价值发挥到最大。

逻辑清晰。作为产品经理我们不仅要画原型图，更要分析产品战略、企业战略及产品功能之间的关系。而这些内容对于产品经理的逻辑思维能力要求非常高，所以逻辑清晰对于产品经理来说是一项必备能力。

多维度思考方式。一个人的思维方式是先天的生物学基因与后天阅历的总和,这也决定了产品经理的天分(见图2-4)。在第一章中,我们提及一个产品经理要掌握"不同领域的语言",确保其可以和不同背景、不同专业、不同领域的人进行沟通。因此,产品经理想做好一个产品就要有多维度的思考方式。

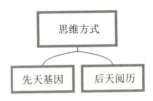

图2-4 产品经理的思维方式

我们在生活中都习惯于用一种思维方式去思考事情,那就是自己的思维,所以才会出现"有多少人,就有多少种不同世界"的说法。这对于产品经理是完全行不通的。我们和企业家沟通的时候,要从企业家大局观的角度思考;和设计师沟通的时候,要从审美易用的角度思考;和工程师沟通的时候,要从技术的角度思考。当你做原型设计的时候,你不仅要知道yes的情况是怎样的,还要知道no的情况是怎样的。在你所做的任何事情中,你都要不停地用辩证的方式思考这个问题。

如果仅从单一维度创造产品,那就如同盖房子一般,根基没打稳,到后面越盖越高,缺点就会逐渐暴露出来,只会越来越危险,最终,功亏一篑。所以只有产品经理具备多维度的思考方式,创造出来的产品才会是稳定易用的。

自信。一个产品团队最可怕的不是没有一个能力出众的产品经理,因为即使产品经理的能力不够,还有众多的专业级人士帮助,至少产品不会败得太惨。真正可怕的是遇到一个没有自信的产品经理。很多人可能会觉得自信并不是产品经理的必备素质,你可以觉得它不重要,但是它就如同多米诺骨牌效应一样——没有自信可能并不可怕,但是没有自信所导致的一系列后果很可怕。

没有自信,意味着这个人会经常动摇,往往别人随便说的一句话都有可能动摇他的想法,紧接着产品的需求会跟着发生改变。试想产品团队成员正在热火朝天、有条不紊地做着其中一个需求,就因为产品经理不自信而让需求发生了变动,或者紧急插进来另一个需求,不仅影响了产品的进程,更削弱了产品团队的气势。当一个团队连统一向上的气势都没有的时候,这个团队做事的效率就会大打折扣。一个怨声载道的团队能创造出什么样的精品呢?

有些人会觉得这样的产品经理很好说话啊,但是对于一个产品经理来说,最怕的就是好说话。当大方向已经确定、需求已经在做的时候,作为产品经理要自信于自己做的任何决定,对于不合理的需求要勇敢、大声地说"不",并且要以自信的姿态坚定地去完成。

理解他人

"理解他人"包括图 2-5 所示的三个方面。

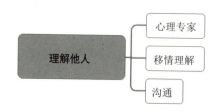

图 2-5 理解他人——产品经理需要具备的素质

心理专家。在前面一节说到的"识人"也应用到这一点，很多优秀的产品经理都是一名心理学方面的"专家"。研究人的心理对产品经理是非常重要的，它会在潜移默化中决定产品的走向。

当我们在做一个新产品的时候，首先要弄懂产品的需求。需求从哪里来？需求是从用户那里来的，不管产品最终以怎样的形式展现，服务对象都是用户，都是人。因此，产品经理要了解用户心中所想以及他们的痛点是什么，只有站在他们的立场思考，才能写出符合他们实际的需求，才能做出令人满意的功能，才会设计出让他们称赞的界面。

移情理解。产品经理不仅要和用户打交道，还要和产品团队的成员打交道。你不是他们的领导，却要让他们心甘情愿地"为你做事"，这不仅需要你具有人格魅力，可以让他人信服，还需要你做到移情理解。

所谓移情理解，就是要站在对方的立场去理解对方的感受，而非站在自己的立场去理解他人。想要做到移情理解就要做到无私。要让一个产品获得成功，或者让一个企业获得成功，制胜秘诀就是管理好团队。就管理团队而言，如何让团队中的每个人感到舒服是很关键的。因此，移情理解变得至关重要。管理的实质就是拉拢人心的过程。

产品经理只有真诚地理解他人，才能获得人心，才能成为团队的黏合剂，成为团队的领袖，从而顺畅地进行产品管理工作。一个得不到他人支持的产品经理，不管他个人能力有多强，个人才华有多突出，都无法成为一名顶尖的产品经理。

沟通。沟通是产品经理的必备技能，如果你不具备这项技能，注定成为不了一名产品经理。现实生活中我们每天都需要与他人进行沟通，沟通确实不是很难的事情，但是会不会沟通与能不能沟通完全是两码事。

产品经理应该是一个会沟通的人。如何组织语言去和行使不同职能的人沟通是很有讲究的，你不能盛气凌人，那样没有人会理你，你又不能畏头畏尾，那样没有人会尊重你。你有领袖般的气场、姿态，才能被他人信服。

协助你完成产品的是不同领域的专业人士，然而你与他们之间信息交流的桥梁除了一些前期文档原型就只有沟通了。通过沟通，你要让他们按着你的想法行事。你要解决问题，还要管理整个团队。沟通是你的软武器，是你必须掌握的一项技能。好的沟通可以节约产品经理的很多时间，可以让大家事半功倍地完成一项工作。而灾难性的沟通往往会导致一系列灾难性的后果。

总结：

产品经理需要具备的软技能主要有企业家的大局观、知人善用的团队管理能力、多维度的思维方式、自信的处事风格、心理专家一般的洞察人心的能力以及移情理解、让他人心甘情愿为其做事的能力。

第二节 硬技能——产品经理的武器

产品经理需要具备的软技能考验的是产品经理的内在素质。在一个企业中,当你进行产品管理的时候不可能只通过沟通的方式,总要输出一些内容让他人理解,方便后续的沟通,进而实现你所期望的产品。这些输出的内容就是产品经理拿在手中的武器——硬技能。

硬技能是比较容易掌握的。比如去学习一门语言、一个软件、一种新的技术,只要是可以学来的东西,其实都不是很难的事情。只要你下定决心,愿意为此下功夫去学习,它就不难。

但是要说明的一点是,因为你的软技能与他人不同,所以你的硬技能所呈现的方式也就不同。笔谁都会使用,但是如何利用这支笔创造出优质的内容就因人而异了。有些人可以利用这支笔写出一本书,而对于有些人,这支笔只是一个签字的道具。究其根源,硬技能上的差距是因软技能的不同而产生的。

接下来我会简单论述一下产品经理需要产出的内容,因为后面的章节会针对每项不同的技能做出更加具体的阐述,所以此处不做具体分析。

需求分析

做产品的第一要素就是发掘用户的需求,寻找刚需,寻找痛点,然后具体开始产品的实施过程。如果需求找错了，那么接下来做什么都是错的。人生也是这样的，人们会感到困惑是因为不知道自己的需求是什么。

怎样快速收集相关的需求？方法是多种多样的。用户访谈、市场调研、现有平台内容的分析、来自竞争对手的信息，甚至你身旁的亲友都可以成为你收集需求的渠道。而产品需求文档（PRD）则是一篇不仅包含产品需求，还包括产品概况、市场营销、后续运营发展及产品原型等的一份综合性文档，对于一些超过1000人的公司，这个文档是比较重要的，因为需要了解此产品的人过多，又无法做到一一沟通，所以形成这样一份统一的文档，有利于传播及控制。对于一些小公司，这个文档并不是非有不可的。

产品经理要确认产品的需求然后进行会议甄选，在得到多方认可的情况下再处理产品需求文档。产品需求文档一般是给内部开发人员、市场人员、运营人员及其他相关人员使用的，所以如何使自己的意思准确无误地表达出来是非常关键的。在产品需求文档建成后，就可以进行开发了。

总的来说，产品需求分析技能是每一位产品经理都需具备的技能，而PRD是将产品需求分析展现出来的一种文档。

商业模式分析

商业模式分析是需求分析后面的步骤，主要是确定产品的用户模型、营销模型、未来营利模型及产品模型等。产品经理进行商业模式分析的主要目的是明确产品为哪个群体提供怎样的价值，以及未来可能采取的营利模式有哪些，等等。

这些问题表面上看起来更像市场人员应该关心的内容，若要市场人员进行商业模式分析，不是不可以，只是没有产品经理分析得那么全面。市场人员更加关心和擅长的可能是营销模式及未来的营利模式，对于用户模式和产品模式可能没有办法了解得那么全面。所以商业模式分析这项工作建议由产品经理来做，因为它也是产品经理需要掌握的一部分知识。产品经理做出商业模式分析报告书后交给市场人员进行完善，是最为理想的情况。

很多人会有疑问：产品还没有上线，做商业模式分析报告是不是太早了？其实不然，所有产品在设计之前都要有一个最基础的构想，它可以不那么完美，可以有瑕疵，也可以有漏洞，产品上线后也不是必须按着上面的构想一一执行。那么，既然不是确定的内容为什么还需要它呢？因为它的存在，可以让我们有一个大体的目标，而且它无时无刻不在制约我们，使我们不至于越走越偏。

竞品分析

竞品分析是每一位产品经理的必备技能。每做一个产品前，除了清晰、明确地知道要生产什么样的产品、这个产品的目标用户群体、产品目标，还要多渠道了解垂直竞品（与产品的功能、客户人群完全一致的其他公司所生产的产品）和边缘竞品（与产品的功能、客户人群部分一致的其他公司所生产的产品）。

竞品分析的终极目的是搭建自身产品的核心竞争力。核心竞争力往往体现在与竞品的差异方面，这个差异无论是在功能需求方面，还是在交互或者视觉方面，都会成为甩掉竞争对手的有力武器！

所以在做竞品分析的过程中，不仅要看对手采用了怎样的商业模式，产品具有什么样的外观、什么样的功能等，还要着重思考：他们为什么要突出这些功能，他们的产品在市场上具有怎样的不可替代性，满足了用户哪些需求；我们的产品定位与他们的产品定位有什么区别，所能倚靠的重点功能是什么，我们的产品如何能够做到差异化，怎样才能在众多的产品中脱颖而出。

不加思考地照搬竞品叫作抄袭，不研究竞品叫作闭门造车。两者显然都是不可取的，所以对竞品分析要把握一个度。

思维导图

思维导图是一个可以应用到任何领域的工具，并且较容易学习和使用，基本上不需要培训就可以轻松掌握。思维导图可以应用在生活及工作的方方面面。比如在购物的时候，画一张思维导图可以防止我们忘了要买的东西；在工作的时候，画一张思维导图有助于我们合理安排自己的时间；旅游的时候，画一张思维导图可以使我们详尽安排自己的行程；读书的时候，画一张思维导图有助于我们更好地了解书中的内容；在情绪低落的时候，画一张思维导图来排解忧愁。图2-6所示为成功的思维导图。

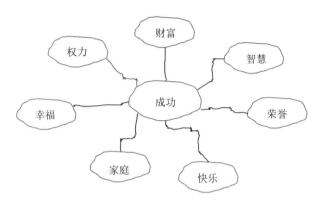

图 2-6 成功的思维导图

对于产品经理,思维导图更为重要,它是产品经理电脑中必备的工具,在本书中你所看到的大部分图形都是我用思维导图绘制的。思维导图有非常多的优点。产品经理的思维是发散的,思维导图有助于产品经理将发散的思维很好地整合并利用起来。除此之外,思维导图还可以帮助产品经理绘制产品的功能架构图、产品界面架构图等工作中所需要使用的图片。

除了作为工具,思维导图还可以帮助产品经理梳理逻辑、拓宽思路、弥补细节。

画原型

很多人认为,产品经理的工作就是画原型。这样的想法过于片面,产品经理除了要懂得如何画原型,还要负责整个产品团队的大小事务,不仅要观察成员,还要懂得如何控制整体开发进程,总之需要面面俱到。画原型对于产品经理来说就是一个工具,利用这个工具可以帮助团队成员更好地理解产品经理的想法,也可以帮助产品经理更有序地开展后面的开发工作。

画原型，个人认为跟作家写小说、画家作画差不多，都是个人创作的过程，属于模式和灵感共存的工作（见图 2-7）。

图 2-7　画原型

灵感很玄妙，你不知道灵感什么时候会来，可能是在睡觉的时候、吃饭的时候、听歌的时候、洗澡的时候、开车的时候。总之，你没有办法控制它的到来时间，但可以确定的一点是如果你在灵感到来时不记录下来，它说走就走，再无踪影。在灵感的启发下画出来的原型往往会有令人意想不到的闪光点。

原型相对于其他的输出更具有现实意义且必不可少，设计师在设计界面、图标时，所依据的文档就是这个原型文档；程序员在编程时，具体的功能实现也来源于这个原型文档；测试师测试时除了测试用例，最重要的依据还是这个原型文档……足以说明原型文档的重要性。对于产品经理，一个设计详尽的原型文档可以帮助团队避免日后很多不必要的麻烦。产品原型就相当于一个产品经理的门面，可以说，产品原型塑造了产品经理的个人品牌。

数据分析

产品成功上线以后，如何进行迭代、如何升级现有的功能，不仅仅来源于运营的整体诉求，更来源于对数据的分析。

数据的种类是多种多样的，如下载量、用户使用量、交易量（天、周、月、年）、流失量、用户活跃数等，即使这些数据有运营人员经常关注着，作为产品经理，也要对其进行相应的了解，因为这关乎整个产品的迭代乃至它以后的发展。这些数据是进行后续需求分析的重要依据。

通过对这些数据的分析可以掌握哪些功能需要改善，从而进行产品的迭代。这些数据是了解上线产品运营情况的一些重要依据，虽然它们是一堆数字，但是在这些数字背后却有我们想要了解的用户。

总结：

产品的硬技能是产品经理必须掌握的技能，如果想不断提高自己的硬技能，除了勤加练习，还要多多思考。只有经过大脑思考的内容，才能真正属于我们，才能为我们所用。

第三节　发现优势，利己利他

对于产品经理来说，发现优势是其应具备且特别重要的一项能力。善于发现优势的人，不仅可以利己，更重要的是可以利他。比如产品经理可以通过发现团队成员的优势，让他们的能力得到充分发挥，整个团队的效率与输出质量就会提高。我相信大部分人对自身的才干和优势都不甚了解，更不具备根据优势安排自己生活的能力。关于什么是成功，盖洛普是这样定义的：成功就是充分挖掘你的潜能。使潜能得到充分挖掘受诸多因素的影响。

那么什么是潜能？潜能就是你的天赋，是指你在某些方面所具有的先天的条件及优势。这使你在这些方面做起来不费劲，而且可以比其他人做得更好。比如，迈克尔·乔丹有打篮球的天赋，斯蒂夫·乔布斯有做产品的天赋，王小波有写作的天赋，迈克尔·杰克逊有跳舞和唱歌的天赋，歌手图派克（2Pac）有说唱的天赋，等等。

我们在现实生活中，经常忽视自己的优势，花费大量的时间思考并弥补自己的短板。但实际上，强化自己的优势比弥补短板更容易，而且也更有价值。因此，作为产品经理应该花费时间去了解自己的优势，了解他人的优势。一个产品的诞生绝不是一个人的努力的结果，而是不同领域的人才团结起来共同创造的结果。你所发现的他人的优势会演变成整个团队的优势，只要合理利用，就会有良好的输出。

产品经理只要知道如何发现自己的优势,就会了解如何发现他人的优势。接下来我们学习如何发现自己的优势。

认识自我

希腊的德尔斐神殿镌刻着这样一句名言:认识你自己。由此可见,认识自己有多么的重要。亚里士多德说:"对自己的了解不仅是最困难的事,而且也是最残酷的事。"检视自我并没有想象中那么容易。

根据我个人的经验,凡事先从自己身上查找原因是一种非常好的习惯。如果你想进步,那么就要经常反省,反省自己是不是存在问题,问题在哪里,如何做可以避免这个问题。凡事先从自己身上找原因是让自己进步最快的方式之一。

在现实生活中,很多人都找不到做主人的感觉,他们总是觉得自己是绿叶的角色,被动地跟着别人去做一些事情,或者只能使用别人的方法解决问题。这是因为大部分对自己没有正确的认知,错判了自己的能力,会习惯性地高估或者低估自己。

认识自己是亘古不变的话题。一个无法认知自己的人如何主宰自己的人生,又如何成为别人眼中的主角呢?比尔·盖茨曾说:"人要记住,做他自己的主角就可以了。"

这也是在上学时期学习成绩一直名列前茅的人参加工作后处处碰壁的原因。不是他们愚蠢、能力差,而是他们没有清晰明了地认识自己,做事情优柔寡断。只有充分了解自己、掌控自己,才能制定适合自己的人生规划,才有可能成为别人眼中的主角。掌控自己以后,才能更有底气与他人合作。总之,认识自己并利用自己的优势可以让自己比其他人更容易走向成功。在这个发展越来越迅速的社会，给自己多些个人时间，在这段时间内关掉手机，屏蔽掉所有能让自己分心的事情，和自己的内心对话，听听内心的声音，或许会有意想不到的收获。

识别优势

优势就是：当你在做一件事情时，可以较其他人更轻松地完成并且可以从所做的这件事中得到某种油然而生的成就感。比如写程序，有些人可以轻松地掌握这门"语言"，毫不费力地写出程序，并且可以从中获得成就感、满足感，不会觉得枯燥乏味，那么写程序就是他的优势。

盖洛普是这样定义优势的：才干——油然而生并贯穿始终的思维、感觉或行为模式；知识——由事实和所学的课程组成的体系；技能——做一件事的步骤、程序。这三者——才干、知识和技能（见图2-8）统一起来就构成了你的优势。

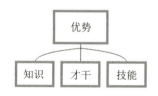

图 2-8　盖洛普对优势的定义

知识来源于从学习中得来的内容。每个人都有属于自己的知识体系，它可以让我们更清楚地认识自己，并且做出正确的判断。我们接受了很多年的义务教育，在这些年的学习过程中我们获得了大量的信息，这些信息就是知识，但多年以后已经工作的我们丢掉了很多自己曾经拥有的知识。

技能是更加规范化的知识，来源于我们的经验。简而言之，我们在特定的时刻能够静下心来，将所有积累的知识归纳为一系列的步骤，只要我们按照这些步骤行动，就能够获得自己想要的成果。技能需要你拥有整合的能力，唯有经过自己消化、吸收并整合的内容，才会成为你的技能。但如果没有特定的才干，学会技能只能保证你在社会中生存，无法谈及成功。才干常常被描述为"一种特殊的天生的能力或悟性"，通常被理解为天赋。在你3岁的时候，大脑里有1000亿个神经元，其中每个神经元都与其他神经元建立了联结形成突触，突触数量达到15 000亿之多。此时大脑里的突触网已经编织成形，它广博、精细而又独特。但是当你16岁的时候，你的大脑中的联结有一半已经退化，而且它们已经成为既定的事实，无法卷土重来。这看起来似乎很糟糕，但事实上这并非坏事，因为对于大脑来说"越少就越多"。遗传和养育强化了你的部分联结，同时让其他数十亿的联结枯萎或死亡，于是你成长为一个具有特殊才干的人。

我们对世界的理解是个性且多元的。我们的思维、感觉和行为模式来源于独特的精神网络。这个网络如同一个过滤器，它会对接触的世界进行整理和过滤。人与人之间最有趣的差别很少取决于种族、性别或年龄，而取决于每个人的精神网络。

才干与最强的突触有关，强的突触是培养优势的重要基础。我们要识别出自己具有的强大才干，并用技能和知识使它如虎添翼。

为了识别自己的才干，不妨谨记三点：渴望、学得快和满足。渴望揭示了才干的存在；如果在某方面你学得特别快，就应当深入考察，如此便能识别出自己的才干；如果你从事一项活动感觉良好，能够从中获得满足感，那么你很可能在使用你的才干。

利用才干

下面简单介绍几种才干。

追求成就感：具有自发而持久的内在动力。这样的人是成就感追逐者，他们不断持之以恒地努力付出，所追求的就是成就感。成就感可以成为他们不断前行的动力，从而使他们获得更多的成就感。

主动：无须他人鞭策即可行动。这样的人可以自发工作，不需要他人的帮助、协调或指挥，具有这种才干的人基本不需要特别组织领导，通常他们不会站在原地去等待事情的安排或发生，而会主动地掌握事情发展的动向，并做出及时的调整。

喜欢竞争：通过与别人比较测量自身的成功。如果你身边有具备这种才干的人，你想让他们获得比较大的进步，最简单的方法就是将他们放在一个充满竞争的环境中，让他们与他人进行竞争，竞争关系会激发他们的斗志，使他们发挥出潜能。

有信仰：具有特定的核心价值观念，在工作和生活中坚持自己的信仰。一般有这种才干的人会更加善良和温暖，并且充满正能量。

喜欢服务他人：这样的人基本上都是无私的，是很爱分享自己所知所得的人。如果你身边有具备此类才干的人，你应该感到庆幸，因为他们会无私地帮助其他同事，减轻你的负担，是公司的得力干将。

有道德观念：是非分明，言行一致。对于这样的人你可以大胆放下戒心，因为他们不会做出出格的事情，在他们的内心始终有行为准则。

取悦：寻求别人赞同。如果你身边有这样的人，想要他们发挥出潜力，你就要夸奖他们，让他们愉悦。他们的内心越愉悦，做事效率就会越高。

体谅：善于同理他人。这样的人非常善于移情理解他人，他们会站在对方的角度思考问题，可以成为团队中的黏合剂。

多向交往：善于建立广泛的关系网。这样的人善于交际，并且擅长与不同类型的人沟通。这样的人很适合做公关。

伯乐：在识别人才方面有自己独到的眼光，而且往往判断很准确。这样的人比较适合担任 HR 中的招聘角色，帮助企业物色合适的人才。

以上仅仅是才干的一小部分，相关的才干还有很多，可以从这个角度去思考自己的才干在哪方面，并善加利用才干。而且，一个人的各种才干是可以互相转化的。

总结：

让我们在喧嚣的环境中沉静下来。无论多忙，都要给自己一些时间，以便更深刻地认识自己。只有认识自己，你才能思考自己的优势是什么，只有发现自己的优势并加以利用，你才能以更快的速度成就自我。我们也要给他人一些时间，通过细致的观察，同样会发现他人的优势。记住，产品经理的成功、优势都来自团队，来自团队内的每一个个体。

第四节　你的天赋决定了产品经理的上限

能否成为一名优秀的产品经理很多时候取决于你的天赋，你所积累下来的软技能决定着你的上限，甚至还没开始，你在产品经理这个岗位上所能达到的高度就已经注定了。

我一直认为每一个产品经理都是一名自我实现者，他们真正热爱的是从无到有创作出一个东西的过程，是为广大用户服务的过程，是将自己所做的产品分享给他人的过程。他们有着坚定的目标，有着崇高的理想，他们总是希望自己能给世界带来些什么，而不是从中得到些什么。

乔布斯——世界级顶尖产品经理

业内一致认为乔布斯是苹果公司的灵魂，极少有企业家能让各界人士敬仰，但是乔布斯可以。那么为什么乔布斯对苹果公司如此重要呢？

乔布斯的经营，本质上是一种文化、一种精神、一种艺术，是一种可以激励到他人的感受。苹果公司的每个产品都是艺术品。乔布斯不仅是一位成功的产品经理、一个成功的企业CEO、一个具有王者气魄的企业家，还是一个艺术家、一个IT界的明星。乔布斯是硅谷精神的象征。

乔布斯不是一个遵循既有规则的人，他是一个为世界设定规则的人。也正因为如此，乔布斯成为苹果公司的核心竞争力，在苹果公司崛起的过程中，乔布斯居功至伟。在大多数消费者心中，乔布斯就等于苹果公司，苹果公司就等于乔布斯，这足以证明乔布斯对于苹果公司的重要性。

至于乔布斯离世后，苹果公司还能否延续其自身的业绩，则取决于苹果公司能不能延续乔布斯做产品的精神。如果可以，那么苹果公司就可以延续它的业绩。

苹果公司的成功源于乔布斯对产品的掌控、对细致的苛责。了解乔布斯的人都知道，他是一个很难相处的人，他对细节的追求能够让手下的人崩溃。乔布斯超出常人的天赋成就了他自己，更造就了苹果公司。因此，乔布斯成为广受赞誉的产品经理，被世人所铭记。

个人技巧和专业能力不足以成为乔布斯名留青史的理由，真正成就他的是他超乎常人的天赋，并且他懂得利用自己的天赋，充分发挥自己的天赋。

什么样的人不适合做产品经理

A先生是一个利己主义者，他经验丰富且能力出众，但是他的缺点也很显著，他是一个非常懂得趋利避害的人，凡事皆以自我利益为中心，只要遇到有损他利益的事情，他都能躲则躲，一副事不关己、高高挂起的样子。这样的人不适合做产品经理。产品经理是一个需要承担很多责任的人，只要有事情，特别是紧急的事情，产品经理都要第一个站出来。产品经理是产品的第一责任人，责无旁贷。

B 先生特别喜欢沉溺在自己的精神世界中。在工作中，他需要沉静下来，做自己的分内之事，他虽然很有能力，解决问题的能力也很突出，但是他最不喜欢的就是脱离自己的世界，与他人打交道。这样的人不适合做产品经理。产品经理是一个跨职能工作者，他不仅要负责自己的分内之事，还要和不同领域的人打交道，而与他人沟通是非常重要的一环，不可或缺。

C 先生是一个抗压能力很弱的人，他喜欢舒适的有条不紊的工作，一旦有压力，他就会手足无措。压力对于 C 先生来说不会成为动力，只会成为他前进的阻力。这样的人不适合做产品经理。产品经理要具备不同程度的抗压能力，并且即使在高压之下，也可以有条不紊地工作。

D 先生是一个自卑的人，他虽然有需求分析的天赋，但是他生性自卑，遇到任何分歧，即使他是正确的，他首先做的也不是论证对方观点是否合理，而是先怀疑自己，认为自己是错的。这样的人不适合做产品经理。产品经理需要高度自信，自信可以帮助他克服很多别人眼中的困难。

E 先生沉迷于产品经理的"经理"身份，喜欢发号施令，做事情目中无人，认为自己是产品团队中的绝对领导者。这样的人不适合做产品经理。前面也提到了产品经理并不是实际意义上的经理，E 先生这样的做法只会使团队关系越来越不和谐，团队工作效率越来越低下。产品经理应该谦虚、好学。

如果你认为自己有天赋、有口才、有气场、自信、有自己的人生信条，那么你就可以试着向产品经理的方向努力。

总结：

你适不适合做产品经理这个问题只能由你自己来回答，没有人比你更了解自己。本章第一节已经告诉大家产品经理的软技能有哪些，如果你觉得自己的优点、强项正好与这些软技能吻合，并且你的缺点、弱项又不足以成为产品经理成长路上的绊脚石，那么欢迎你加入产品经理的大部队。

第三章

产品经理技能篇——需求

产品经理需要根据人的需求创造产品、完善产品。需求是千奇百怪的，需求的来源是多种多样的，但是真正沉稳的需求创造者，是那些花费大量的时间和精力了解、研究人的心理的人。唯有以用户为依据提出需求、创造产品，才会使用户成为你的忠实顾客，甚至成为你所缔造的产品乃至品牌的粉丝。

无论我们所处的是怎样的一个行业，所有产品、所有服务、所有功能存在的基础都来源于需求，需求刺激产品不断进步、不断升华。从消费者的角度来说，满足需求就等于免去了日常生活中所遇到的麻烦，正是因为无数种"麻烦"的存在人们才会产生需求；从经济发展的角度来说，需求可以拉动经济发展，甚至可以带动整个国家发展。

我们希望快速到达另一个国家，真正实现地球村的愿景，所以有了飞机；我们希望手机尽可能简单方便，所以有了苹果的成功；我们希望不出门就可以购买东西，节约时间，所以有了淘宝；我们希望发表个人观点到网络上、希望有自己的"展示平台"，所以有了微博；我们希望通过免费的方式和他人进行沟通，所以有了社交软件；我们希望自己的照片可以被修整得光鲜亮丽，所以有了美图秀秀；我们希望不出门就可以吃到美食，所以有了外卖；我们希望不用现金就可以购买东西，所以有了支付宝。只要需求一直存在，产品就永远不会消亡。

一切物质、产品、功能的存在，都不是毫无根源的。唯有需求能够让产品"生根发芽"，并使产品在激烈的市场竞争中存活下来。

需求就像蝴蝶效应一般，一个需求的产生会激发出更多、更全面的需求，从而让产品不断升级并处于不败之地。这是很好理解的，就如同实现个人目标一样。我们实现了一个目标，就会锁定更多的目标。

实现一个目标后才能进入实现下一个目标的进程中。因此才会不断开发、解锁新的技能，不断开拓新的领域，从而让自己越来越强大；产品亦如此，唯有需求源源不断，产品才能一直升级发展。在当代竞争异常激烈的环境下，即使处于金字塔顶端的产品，不进步也只能面临被淘汰的命运。

那么究竟是什么让需求如此重要？答案存在于瞬息万变的世界中。

想要发掘需求，产品经理需要具有洞察力与对人性需求的敏感度。作为产品经理，我们要时刻走在用户需求的前面，这样才能让产品具有竞争力。

第一节　需求的概念

需求可以用两个单词来表示，分别是 demand 和 requirement。维基百科对于两者是这样定义的：demand 是人们愿意以某种价格购买相当数量的商品或服务的原因；requirement 描述的是系统、产品或服务的内在所有属性。

产品需求的分类

需求可以分成以下几类（见图 3-1）。

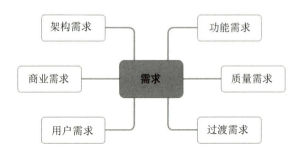

图 3-1　产品需求的分类

架构需求。在软件系统工程中，它具有量级可观的影响力，是那些必须通过识别系统结构或系统架构来进行整合并完成的具体内容。在建筑房屋的过程中，框架很重要，它们是整个建筑物安全稳固的基础；在软件系统中，架构也很重要，牢靠的架构（框架）可以使整个软件牢不可破。

商业需求。这个部分相对来说是比较宏观的需求，基本会在商业模式案例中进行相关说明，通常描述的是企业高级别的目标、宏观的愿景或者需要解决的重大问题。这个需求与公司的利益有着最紧密的关系。

用户需求。具体的原型设计、功能设计、交互设计的创作基础都来源于用户需求，其描述的是产品的目标用户群体对于产品的期望或者想要通过此产品解决的问题。但是用户需求具有多样性、表面性及复杂性的特点，难以直接利用。因此，产品经理需要具有深入挖掘的能力，唯有挖掘用户所表达的更深层的内容，才能让产品真正利用这些用户需求。

功能需求。这类需求属于落地可实施的，是产品经理根据用户需求进行人为分析、挖掘、计量、整理而形成的功能需求，是具有开发意义的需求，可以说前期开发编程的依据就来源于功能需求。

质量需求。这类需求是产品设计后期进行人为限制的需求。产品上线/发售后，对于产品的质量要有一个通行的标准对其进行制衡和约束，以确保产品的长久可用性。这个通行的标准就是质量需求。唯有质量达标，产品的安全、稳定、长久使用才能得到保证。

过渡需求。这类需求仅存在于过渡期，并不属于长久的需求，通常描述的是从企业的现状到期望的未来这一过渡阶段所需要的能力或行为。过渡需求并不是必须存在的需求，一般情况下根据公司或产品的现状来决定其是否存在。

需要是需求吗

很多人会将需求与需要混为一谈，在这里要强调一下，需求是需要的更高级别或更深层次的形式。需要是一种原始的本能，是人体的一种主观诉求，其没有经过多方思考，是自发的。如小V想买一个名牌包包，价值10万元，但是她看了一下自己的存款只有2万元，再想想如果刷信用卡去买这个包，压力会很大，所以她决定不去购买。需要是不受客观条件限制的主观的内在想法，不一定必须实现；需求是受客观条件限制的客观诉求，这个条件包括购买能力、成本、产品本身能带给用户的价值等。需要是需求的主观映像，所以需要并不等于需求。

能够发现或者说创造需求的这类人有一个共同点，就是他们有非常独特的眼光，正是他们的存在改变着这个世界，改变着人们的诉求。

需求的来源

需求可以来自市场调研、身边朋友的建议、企业的内部诉求、竞争企业的产品、设定的场景，甚至是人们身边不起眼的小事。围绕在人们身边的一切事物都可以成为需求的来源。

需求潜藏在你身边的各个角落，若想发现它，你除了要具备一双"慧眼"，更要不停地思考——从人性的角度、市场的角度、产品的角度思考。正因为需求是无形的，所以很难被发现，你唯有多多观察、多多体会、多多思考，才能发现需求甚至创造需求。

小红书（见图3-2）之所以能成为电子商务中的一匹黑马，是因为它准确掌握了尚未被重视的需求。喜欢购物的女性通常在购买护肤品或彩妆之前，会去网上了解产品使用笔记，然后决定是否购买。可以将产品使用笔记理解为评论功能，只是这个笔记相对于评论，在内容上会更权威、更丰富、更多样。小红书就是看中了这个市场，主打产品使用笔记这个功能，从而闯出了自己的一片天地。

图 3-2　电子商务界的黑马

如果小红书效仿电子商务的普遍形式，大概不会有今天的成效。小红书的成功来源于它对需求的准确把握及其集中火力针对这个痛点进行的开发。从小红书的例子可以看出，发现需求并不难，难在会不会将其作为痛点集中火力去研发。所以作为产品经理不仅要懂得如何发现需求，更要掌握如何利用需求实现产品的独一无二和不可替代。

总结：

需求是人们愿意以某种价格购买相当数量商品或服务的原因，其描述的是系统、产品或服务的内在属性。需求的来源是多种多样的，只要你多多观察、多多体会、多多思考，就可以发现需求甚至创造需求。真正有魔力的、让用户愿意花大价钱购买且觉得"必须买"的产品往往是品牌价值/品牌精神能够引起用户共鸣的产品。

第二节　马斯洛需求理论

马斯洛需求理论是产品经理必须掌握的知识，不仅仅因为产品的价值最终来源于用户体验，更因为千奇百怪的需求的产生的最终根源是对人性的了解。前面提到真正沉稳的需求创造者，是那些花费大量的时间和精力了解、研究用户的人。如果想研究人，就要先研究人的基本需求，明白什么是马斯洛需求。

马斯洛需求理论是美国心理学家亚伯拉·罕马斯洛于1943年在《人类激励理论》一书中提出的。这个理论依据的基本假设是：人要生存，他们的需要能够影响他们的行为。只有未满足的需求能够影响行为，满足了的需求不能充当激励的工具。人的需求按重要性和层次性排序，从基本的需求（如食物和住房）开始，逐渐升级到复杂的需求（如自我实现）。当人的某一级的需求得到最低限度的满足后，他们才会追求更高一级的需求的满足，如此逐级上升，这样需求便成为推动人们继续努力的内在动力。

一个拾荒者最关心的肯定是温饱问题，不会是自我实现问题、尊重问题等。如果是一个衣食无忧的人，那么他最关心的肯定是他的健康能否得到保障，而处在战乱中的人最关心的是能否保住自己的性命。一个衣食无忧且处在安全环境中的人，他最关心的可能是有多少人爱他、他爱的人目前怎么样等，要让自己有最起码的归属感。简而言之就是需要被爱。一个衣食无忧、心中有爱、有安全感的人，最希望做出有成就的事情，能够得到他人的尊重，从而满足自己内心对于名誉的需求，甚至希望自己能名扬四海。一个衣食无忧、心中有爱、有安全感且已经得到他人尊重的人，他追求的就是不断超越自我，不断成就自我。

马斯洛需求理论把需求分成生理需求、安全需求、社会需求、尊重需求和自我实现需求（见图3-3）。

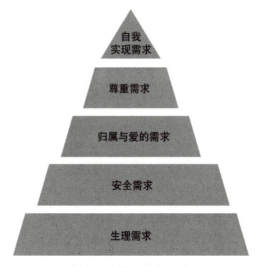

图3-3 马斯洛需求理论

生理需求

人类维持自身生存的最基本要求是满足生理需求，包括对饥、渴、衣、住、性各个方面的要求。如果这些需求得不到满足，人类的生存就成了问题。从这个意义上说，生理需求是推动人们行动的最强大的动力。马斯洛认为，只有这些最基本的维持生存所必需的需求得到满足，其他的需求才能成为新的激励因素，而这时，这些已相对得到满足的需求也就不再是激励因素了。

吃饭是日常生活的基本行为，而且只要我们活着就不会停止。吃，贯穿着整个人生。所以在吃的方面，我们身边有无数产品，为了让我们吃得更好、更具有选择性，有了美团这样的网站，不仅可以知道现在哪个饭店口碑比较好、人气比较旺，还可以享受优惠团购。为了让我们足不出户、不用做饭就可以吃到美味可口的佳肴，便出现了淘点点、美团外卖等一系列的外卖网站，这些网站也为社会提供了就业岗位，如送餐员。

安全需求

人类具有保障自身安全、摆脱事业失败和丧失财产的威胁、避免职业病的侵袭、避免接触严酷的监督等方面的需求。马斯洛认为，整个有机体是一个追求安全的机制，人的感受器官、效应器官等是寻求安全的主要工具，甚至可以把人生观看成满足安全需求的一部分。当然，这种需求在得到相对的满足后，就不会再成为激励因素。

当人们最基本的生理需求得到满足后，就会希望自己有强劲的体魄，可以健康地生活。所以，Keep 这样的健身软件脱颖而出。它能够拥有众多的用户群体，是因为人们有这种健身的强烈需求。在 Keep 的帮助下，人们不需要去健身房，不需要使用器械，不需要付出任何健身费用，只需要一套瑜伽垫，就可以轻松达到锻炼身体的目的。

归属与爱的需求

这一层次的需求包括两个方面的内容。一是对爱的需要。每个人都希望自己与伙伴、与同事关系融洽、友谊长久；每个人也都希望得到属于自己的那一份爱情。二是对归属的需要。人是群居动物，每个人都希望成为群体或团队中的一员，希望彼此相互关心、相互照顾。感情上的需要比生理上的需要更加细致、扎实，并且它和一个人的性格、经历、所受教育都有关系。

当人们的温饱和安全都得到保障后，首先需要的就是爱和社交，所以社交软件成了日常生活中必不可少的选择。微信、QQ、Skype、Instagram 等社交软件与人们的日常生活已经很难分开，基本上每个人的手机里都有微信或者 QQ 软件，它们可以满足人们日常生活中的社交需求。其次，为了让人们快速地找到伴侣或朋友，还出现了相亲、交友网站。

尊重需求

人人都希望自己有稳定的社会地位，希望个人的能力或成就能够得到社会的承认或认可。尊重需求又可分为内部尊重和外部尊重两个部分。内部尊重是指一个人希望在各种不同情境中有实力、能胜任、充满信心、独立自主。总之，内部尊重就是人的自尊。外部尊重是指一个人希望有地位、有威信，受到别人的尊重、信赖和高度评价。马斯洛认为，尊重需求得到满足，能使人对自己充满信心，对社会满腔热情，体验到自己的价值。

自我实现需求

自我实现需求属于最高级别的需求，它是指实现个人理想、抱负，发挥个人的能力到最大程度，完成与自己的能力相称的一切事务，并从中获取极大的成就感。只有工作得心应手，我们才会获得快乐。马斯洛提出，人们为满足自我实现需求所采取的途径是因人而异的，自我实现需求会促使人努力挖掘自己的潜能并使自己成为期望的那类人。

典型的满足自我实现需求的产品有简书、微信公众号等，它们可让自媒体人输出作品。通过这类产品，即使你毫无背景、毫无经验，也可以写出自己的文章，在网络上发表自己对事物的独到看法，打造属于自己的自媒体平台，甚至可以打造个人品牌。这个过程就是自我实现的过程。即便你从中没有得到利益上的好处，你也可以从中得到满足感和成就感。这些东西虽然是无形的，但它们是无价的。

总结：

真正沉稳的需求创造者，是那些花费大量的时间和精力了解、研究用户的人。如果想研究人，就要先研究人的基本需求，明白什么是马斯洛需求。马斯洛需求理论把需求分成生理需求、安全需求、归属与爱的需求、尊重需求和自我实现需求。市面上存在的所有产品所能满足的需求几乎都脱离不了这五大需求，都或多或少与它们有着千丝万缕的关系。

第三节 如何做有意义的竞品分析

竞品分析是产品经理在调研需求、确认需求的过程中必须进行的重要一环。竞品分析没有必要撰写成稿，重要的是要针对竞品进行思考。这里的思考指的是深层次的思考。在工作节奏较快的互联网行业，虽然可能不必书写成型的竞品分析报告，但是每做一个产品前，都要明确知道要生产什么样的产品、这个产品的目标用户群体、产品目标，还要多渠道了解垂直竞品和边缘竞品，通过对它们的了解和分析可以更精准地确认用户的需求，以使自己的产品做到差异化。可以从以下几个层面进行竞品分析（见图3-4）。

不研究竞品的生产叫"闭门造车"，照搬竞品不加思考的生产叫"抄袭"，那么作为产品经理要如何进行竞品分析、如何撰写竞品分析报告呢？这就需要产品经理将客观数据和主观思考相结合。

客观数据包括市场环境、用户画像、产品痛点、使用环境四个层面的内容。

市场环境。指的是在当前行业生态系统中，产品的市场占有率、企业模式、行业状态及企业文化等，这些都是市场环境需要考虑的内容。

用户画像。指的是竞争产品的目标用户群体有哪几类，其用户特征是什么，年龄段、收入情况、受教育程度、分布城市、消费特点等是怎样的。所分析的竞争产品的什么特点打动了用户,并使用户成为自己的忠实用户。这个特点往往就是人们所需要的痛点,因为只有痛点才能使用户成为其产品的粉丝。

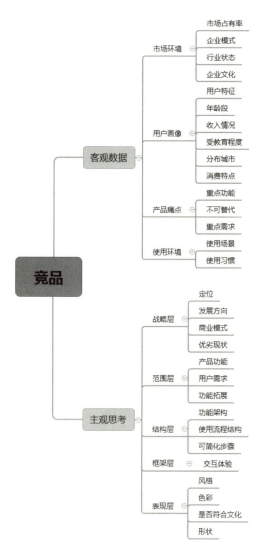

图 3-4　竞品分析思维导图

产品痛点。产品痛点是需求存在的基础。痛点往往是比较稀缺且不易被发现的,但产品一旦能够准确把握用户群体的痛点,就可以增强产品的使用黏性。根据产品痛点可以梳理出重点需求,再开发出不可替代的重点功能。

使用环境。指的是该产品的使用场景和用户的使用习惯等。在该环境下通过用户使用习惯进行交互等方面的设计工作。

获取数据是比较烦琐的,通常需要利用专业的数据统计网站。下面简要介绍几个可以获取数据的途径。百度指数:基于行业的整体趋势、人群画像、需求图谱等分析网民行为数据;ASO100(现已升级为七麦数据):应用软件的下载量、排名、评论、应用商店优化、关键词搜索指数等;易观千帆:领域排行、月度排行、增幅排行榜等多项排行,支持查看 App 趋势图及多项指标;艾瑞咨询:用户行为分析;等等。

主观思考包括战略层、范围层、结构层、框架层和表现层五个层面的内容。

战略层包括产品的定位、产品后续发展方向、产品商业模式以及本质性优劣现状。

范围层指产品的功能、满足用户什么需求。如竞品提供给用户的需求能实现吗?如果实现不了,是不是可以把功能范围缩小,然后再做精、做细?如果能实现,是不是可以再拓展一些功能?

结构层指产品的功能架构。为什么不同的架构之间会有差异?哪些流程可以被简化、减少用户成本?哪些功能可以简化结构?目前的框架体系能否满足用户的使用习惯?等等。

框架层包括产品的框架体系是怎样的,产品的交互体验是以怎样的方式展现的，等等。

表现层需要产品经理有好的审美和良好的表达能力，可以进行简要且准确的描述。在视觉上，主要比较以下各项：图标的形状、颜色、风格；界面的色彩、风格；整体风格能否凸显企业文化；等等。

产品经理要清楚：分析竞品不是为了求同，更不是为了效仿，而是为了求异。产品开发始终要围绕自身的产品特质、企业文化、目标市场、目标用户来进行，而不是由竞品决定，千万不要因为竞品而顾此失彼。正所谓"知彼知己，百战不殆"。做竞品分析也是为了让自己的产品更加与众不同，以抢占更多的市场。

总结：

竞品分析的目的不是抄袭，不是求同，更不是一再效仿，而是为了求异，为了超越竞品。竞品分析的重中之重是搭建自身产品的核心竞争力。核心竞争力往往体现在与竞品的差异性方面，这个差异无论是功能需求还是交互或者视觉方面的需求，都会成为超越竞争对手的有力武器。

第四节　如何写产品需求文档

产品需求文档（PRD）不是必需品，其是否需要应根据每个公司不同的要求来决定。需求毕竟是无形的，是产品经理脑子里的想法，要想让这个想法真正落地，让其他人员了解并且按预想的去工作，实现产品经理的构思，就需要这样一份文档。下面我用自己做过的一个产品进行举例，让读者有一个更直观、更形象的了解。

目录

我做的产品的 PRD 目录如图 3-5 所示。

首先从这个文档的目录开始。从图 3-5 中可以清晰地看到，这个文档被我分成了四个部分，分别是引言、产品市场分析、产品概述和产品原型。读者在写自己的 PRD 时可以根据自己的工作习惯调整顺序或添加、删减内容。

补充说明一下，引言这一章包括编写目的、适用范围、产品简介和开发介绍四个小节，主要目的是进一步明确文档的相关属性。

编写目的。论述的是编写这份文档的目的，即我希望通过这份文档达到怎样的效果。

适用范围。论述的是有哪些职能范围的人适合阅读此文档，即明确读者范围。

开发介绍。这个小节是补充性内容，假如你所设计的产品属于一期开发产品，那么就要让开发人员明确知道一期开发的核心目的是什么。要让他人做事，最初的工作不是让他们知道自己具体做什么内容，而是要让他们知道做这件事情的最终目的是什么，这可以减少相关人员在后期工作中产生疑虑，也可以避免在后期工作中产生误解。

```
1. 引言 .................................................................................... 5
    1.1 编写目的 ....................................................................... 5
    1.2 适用范围 ....................................................................... 5
    1.3 产品简介 ....................................................................... 5
        1.3.1 产品内容 ................................................................ 5
        1.3.2 产品目标 ................................................................ 5
        1.3.3 产品开发周其期 ........................................................ 5
        1.3.4 产品交付内容 .......................................................... 5
    1.4 产品一期开发介绍 ........................................................... 5
2. 产品市场分析 ...................................................................... 6
    2.1 产品定位 ....................................................................... 6
    2.2 产品用户人群划分 ........................................................... 6
    2.3 产品营销模式分析 ........................................................... 7
    2.4 产品推广方案 ................................................................. 8
    2.5 产品商业模式画布（预则） ............................................ 9
    2.6 产品营收规划 ................................................................. 10
3. 产品概述 ............................................................................ 10
    3.1 产品规划 ....................................................................... 10
    3.2 内容规划 ....................................................................... 11
    3.3 产品架构图 ................................................................... 12
4. 产品原型 ............................................................................ 14
    4.1 启动 .............................................................................. 14
    4.2 首页 .............................................................................. 14
    4.3 分类 .............................................................................. 16
    4.4 用户 .............................................................................. 19
        4.4.1 个人资料 ................................................................ 19
        4.4.2 登录/注册 .............................................................. 20
        4.4.3 观看记录 ................................................................ 21
        4.4.4 我的收藏 ................................................................ 21
        4.4.5 分享给好友 ............................................................ 22
        4.4.6 设置 ....................................................................... 22
        4.4.7 关于 ....................................................................... 23
```

图 3-5　产品需求文档目录

产品简介

产品简介最重要的部分是产品内容、产品目标、产品开发周期和产品交付内容。

举个简单的例子，小 A 目前在规划一个 App 时尚视频应用，这个应用是一期产品，并未上线。产品内容包括各类视频资源，这些资源的来源是广大网民和企业内部的运营人员；产品目标是将这个 App 打造成国内视频资源最多、覆盖范围最广的移动端视频平台；产品要求在 2018 年 12 月 30 日完成上线，这中间还会有产品调研截止时间、产品原型规划截止时间、产品前端开发截止时间、产品后台开发截止时间、产品测试截止时间等，通过判定这些截止时间提高整个团队的工作效率，保证产品的开发进程（这个产品开发周期可以用 Excel 来做，粘贴到文档中）；在产品交付内容方面除了这个时尚视频的 App，还需要一个内部运营人员使用的后台管理系统，App 属于"输出型"产品，而后台管理系统属于"输入型"产品。

这四个部分根据不同的企业、不同的产品，内容会有所不同。而且这些内容都不是产品经理一个人想出来的，都是多方探讨，并且是由产品负责人确认的结果。这些内容虽然都是很简单的几句话，但是在各方面提出了明确的指示和限制，对于产品的后续管理是有益的。

产品市场分析

产品市场分析最重要的内容是产品定位、产品用户人群划分、产品营销模式分析、产品推广方案、产品商业模式画布、产品营收规划。

市场分析这一章的内容比较多，通常是由产品经理、产品最终负责人和市场人员共同协商后敲定的结果。市场分析一经确定，是不可随意修改的，如果要修改，必须开会协商，经各方确定后方可修改。因为这关乎整个产品的未来走向，所以不能轻易变动。

产品定位。通俗来讲就是你希望这个产品可以发展到怎样的等级类型，主打的是全国整体用户还是部分特殊群体；走的是高端精品路线，是普通档位高性价比路线，还是低档、廉价、高量路线。撰写的时候可以采用图3-6所示的格式，清晰直观。这样可以让整个文档清晰易懂，不会出现编排混乱的情况。

名称	具体内容
产品定位	1. 国内最大的××××××××××××××××××× 2. 掌握全球××××××××××××××××××× 3. 卓越××××××××××××××××××× 4. 国内独家××××××××××××××××××× 5. 国内最大的××××××××××××××××××× 6. 掌握全球××××××××××××××××××× 7. 卓越××××××××××××××××××× 8. 卓越×××××××××××××××××××

图3-6　产品定位

产品用户人群划分。也就是经常挂在嘴边的目标用户群体。一旦确定了目标用户群体，产品的设计、开发、界面，甚至后面的运营策划活动都会具有一定的趋向性。

产品营销模式分析。指计划未来实施的内容，等产品上线后，再根据实际情况进行相应的策略转变或调整。一般产品营销模式描述的是未来你的产品要采取怎样的推广方式，可以做冠名商那样的全国推广，或利用名人的口碑效应进行推广，或通过平台之间的合作进行推广，或利用现有的平台（微信公众号、微博、知乎论坛）进行内容推广，等等。除此之外，还包括你希望以怎样的形式营利，虽然后期可能根据实际情况进行相应的调整，甚至有可能全盘否决之前的方案，但是为了让产品不走偏，还是需要对营利模式做一个全面的分析。要打有准备之仗。

产品推广方案。是产品营销模式更加精细化的内容。具体展现形式可以采取如图3-7所示的方案。

名称	具体内容
微信公众号	微信定位更偏向于私密性社交，且微信公众号人群覆盖率更广，侧重于客户管理，在微信平台上每一个转发和推广相对其他平台而言更加有效。但微信用户只会转发对其具有吸引力的公众号信息，只有少量具有爆点的信息才会实现大量传播
微博	微博更侧重于传播和公开，功能设计上也十分便于传播。微博的媒体属性更强，63.1%的用户会在微博上关注名人账号，这也是微博相对于其他社交媒体最不可替代的方面——用户离名人空前地"近"。其次是生活兴趣和新闻媒体，这意味着用户在微博上对兴趣类资讯的需求程度超过了有时效性的新闻
论坛、贴吧、社交网站手动推广	人工手动去各类时尚类论坛发布原创帖，或者回复并在签名档留下推广信息。这种做法的缺点是：人气高的论坛常会禁止广告帖，而且刷屏也比较快，所以需要大量人力，效果也很有限

图3-7　产品推广方案

对于推广形式，不能仅仅只用几句话来说明，而是要明确列出未来可能使用的平台，这虽然不是开发团队应该考虑的事情，但却是运营团队未来工作的重点。有了这个简单的方案，至少不会出现临时抱佛脚的现象。

产品商业模式画布。此部分内容我们会在后面章节具体讨论学习，此处不再赘述。

产品营收规划。简而言之，这个产品在未来会通过什么方式营利——是通过广大网民购买会员的方式营利？还是通过企业购买广告位的方式营利？或通过授予版权的方式营利？中国有一句俗语——不把鸡蛋放在一个篮子里，在做产品营收规划的时候，要从多维度、多层次探讨营利方案，切忌"只认准一条路"的单一模式。具体的展现形式可参考图 3-8。

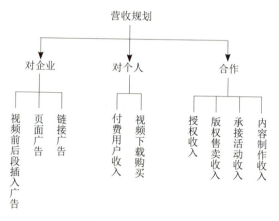

图 3-8　产品营收规划

产品概述

产品概述要根据产品的具体情况做具体分析，通常包含产品规划、内容规划、产品架构图等相关内容。

产品规划。指产品输出平台一共有哪几种，是移动端产品、网站、小程序，还是 H5 界面，等等。给用户使用的平台都有哪些前期要梳理清楚。其次是产品第一期主推功能有哪些、第二期预测主推功能有哪些、第三期预测主推功能有哪些等，并要对这些功能进行简单描述。还要判断这个产品是否需要后台管理系统，如果需要，那么后台管理系统应该有哪些具体内容。最后是这个产品是否有服务器，如果有，那么需要具备哪些要求，等等。这些内容都要做简单说明，具体展现形式如图 3-9 所示。

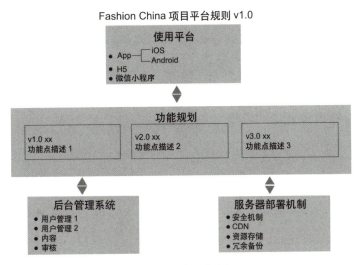

图 3-9　产品规划

内容规划。指的是产品规划一共有多少个板块，每个板块有什么样的具体内容，每个板块是第几期实现的，每个板块之间又有怎样的关联。比如一个视频 App，首页就是它的一期板块，这个板块中的内容是各个主题频道内的推荐视频。有了它，可以让这个产品更具有目的可控性。具体展现形式可以参考图 3-10（用 Excel 表格制作会更加直观）。具体的分类、板块名称的设定、内容的设定都可以自定义，相关内容没有明确的标准，相关人员明白、理解即可。

板块分类	板块名称	具体内容		版本规划	展现形式	功能说明
固定板块	首页	banner fashion trend 人物	fashion news fashioin week 品牌	第一期	视频封面链接	各频道视频推荐
	频道	banner fashion trend 人物	fashion news fashioin week 品牌	第一期	图片链接	各频道视频列表入口
	用户	开通 VIP 会员 分享给好友 语言切换	观看记录 设置	我的收藏 关于	第一期	列表	个人信息设置
所有列表	搜索	搜索框	热门搜索	历史搜索	第一期	搜索框 + 列表	名词搜索

图 3-10　内容规划

产品架构图。我通常会用思维导图软件绘制产品架构图,这种方法非常简单,并且可以让整个架构看起来清晰明了。另外,如果是交易类型的产品,还应该有交易流程图,这类图形的绘制在以后的章节中会详细说明。产品架构图(见图3-11)可以使读者对产品有一个宏观的了解。

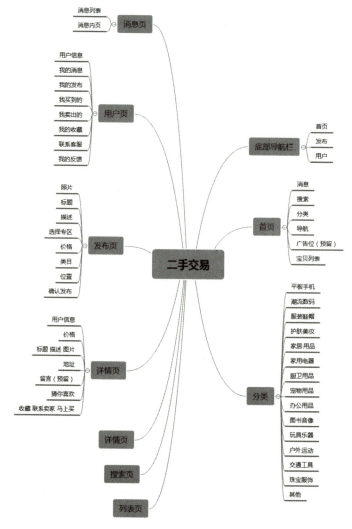

图 3-11 产品架构图

产品原型

产品原型主要论述产品所有界面的具体内容，是整个文档的核心。在原型制作软件中，可将原型导出为图片格式，再依次粘贴到 PRD 中，此外要对相应原型图片进行具体的界面元素说明、需求说明、交互模式说明等。对于原型说明这一部分，要尽量做到通俗易懂，在细节上处理到位，以减少误差、误解的发生。因为开发团队最关心的就是原型内容，有些许偏差都会导致开发团队的失误，所以要做到严谨，具体展现形式如图 3-12 所示。

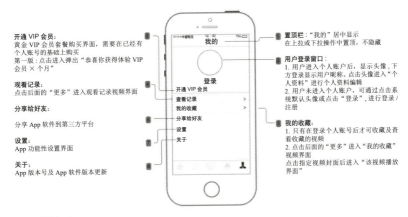

图 3-12　产品原型

总结：

PRD 并不仅限于用 Word 撰写，如果企业允许的话，也可以用原型绘制工具来进行。但要清楚地知道，这个文档是一个工具，一个可以给开发人员使用、给相关人员查看的工具。这个工具最终的目的不是让每个人的文件夹中多一份文档，而是让产品团队通过这个文档全面了解产品，减少不必要的沟通成本。

第五节 需求在,产品在

需求是无止境的,同时需求也是让产品一直保持竞争力的核心所在。需求不断地产生,产品就可以不断地根据需求进行迭代升级。

满足需求维持了产品的存在

对于移动互联网产品,迭代是其不断持续进行的内容。比如苹果软件,每过一段时间就会提醒要升级系统,有些加强了安全防盗系统,有些增加了新的功能,还有些修复了部分漏洞。这些迭代优化的内容就是客户对新的需求的处理结果。

产品上线后需求的来源是多种多样、层出不穷的。有些需求是产品经理本来规划好的内容;有些需求来自老板一时的想法;也有些需求来源于程序的漏洞,或竞争对手研发出的新功能;还有些需求来源于客户的建议、反馈或新技术;等等。新需求虽然五花八门,但是它们的最终目的都是增加或维持用户的使用黏性,让用户永远保持对产品的"新鲜感"。

在社会上也有很多产品因为上线后迭代不及时或迭代方向错误而导致的衰败现象。不论你曾经的名号有多响,市场占有率有多高,只要你稍微晚了别人一步,别人就会捷足先登,抢占新领域的市场。旧领域的客户也会慢慢地向新领域转移,你自己的用户也会被其他品牌吸引过去。由于满足不了客户的需求，你的产品就没有了市场，没有了市场也就没有了盈利，公司自然也就没有办法运转下去。所以产品不断地迭代更新以满足客户的需求，是产品存在下去的必然选择。

需求可以代表新的功能、新的体系、新的技术、新的架构甚至新的领域，需求可以很小也可以很大，可以仅仅是修改程序中的漏洞也可以是整体改版。所以需求可大可小，不管它有多大，都是产品不断向上攀登的阶梯，没有了阶梯，产品就只能停留在原地，即使你停留的位置比他人都高，迟早也会有人超过你。

所以做产品需要有忧患意识，过去是企业设计产品，用户只能被动地接受产品。而现在用户的选择权越来越宽泛，可以选择的产品也越来越多，用户已经处于主动的位置，所以现代企业设计的都是用户主导型产品，由用户决定产品的去留。

从微信看产品如何迭代

现在，几乎每个人都在使用微信，可以说微信是一个绝对成功的产品。微信不仅属于轻应用型熟人社交软件，更催生了一种新型产业——微商，足以看出微信有多么大的号召力及品牌影响力。微信也不是从诞生起就是现在的样子，是一次次的迭代、一次次的功能升级造就了现在的微信。下面我们从微信的迭代历程（见表3-1）看产品是如何升级的（仅列举部分内容）。

表 3-1

微信 1.×	界面以蓝、白、黑为主色调，可以发送消息及分享照片
微信 2.×	界面以黑、白、绿为主色调，可语音对讲，可与手机通信录互通，可与 QQ 进行绑定

续表

微信 3.×	摇一摇、英文版本、漂流瓶、视频消息、二维码、自定义聊天背景、简化注册流程、表情多样化
微信 4.×	我的相册、分享照片到朋友圈、开发第三方应用接口、朋友圈支持评论、可将朋友圈私密照片设为公开、聊天置顶、微信公众号
微信 5.×	语音输入功能、双击文字消息可查看全文、订阅号内消息被折叠起来、新增"我的收藏"、绑定银行卡实现一键支付、拓宽扫一扫二维码的范围
微信 6.0	朋友圈或聊天界面可拍摄小视频，微信钱包可设置手势密码
微信 6.1	发送微信红包、搜索朋友圈的内容、小视频可保存到本地
微信 6.2	聊天记录导入、英文翻译、手机充值可查流量和余额、可通过二维码收钱
微信 6.3.5	群组可集体视频、群主可转让、微信运动可查看运动图表
微信 6.5.1	朋友圈可分享本地相册中的视频
微信 6.5.10	可对视频进行编辑、朋友圈中的互动信息可不再通知
微信 6.5.12	修复部分用户无法登录、无法接收新消息提醒的漏洞
微信 6.5.16	可管理通过微信授权过的信息

上面这个表格虽然只是简略地罗列了微信迭代的情况，但是从中也可以看到微信的迭代历程。微信刚上线时界面非常简单，仅支持聊天和照片共享功能，真正让微信突飞猛进发展起来的是第 3 版和第 4 版的迭代内容。现在，市面上非常成功的产品几乎都不是一出来就震惊世人，而是在每一次的迭代过程中研发团队准确掌握了用户的需求，并进行一个个的专项突击，才成就了其令人惊艳的功能。所以做产品特别是从零开始做一个产品，千万不要往复杂了做。当一个产品负载过多时，你想再重新规划一些新功能或者删减一些没必要的内容，操作起来就会比较烦琐，所以不要做画蛇添足、得不偿失的事。

总结：

只要需求一直存在，产品就会不断地迭代升级。需求可以让产品不断进步、不断成长，需求也可以造就一个理想的产品开发循环。一个需求解决了，往往会出现更多或更高级别的需求，只有一步一步踏实地搭建"需求阶梯"，产品才能靠得住、走得稳。

第四章

产品经理技能篇——商业模式

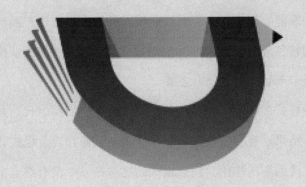

由于激烈的竞争环境，以及科技的创新和发展等，商业模式也在不断地创新。商业模式与公司发展有着极为密切的关系，合理的商业模式可以为公司创造丰厚的利润。同时，商业模式的创新也在创造一种新的价值，这种价值可以为用户、企业、社会创造新的发展前景。在互联网行业，整体大环境的进步促使新一代的商业模式不断取代旧一代的商业模式。

产品经理"创造"产品，产品又隶属于公司，而公司最主要的目标归根结底又是营利，所以无论是硬件产品，还是软件产品，它们存在的基础都是为公司直接或间接地提供价值、创造利润。而企业创造收入和利润的企划均来源于对其商业模式的分析和规划。大部分人会认同，商业模式的分析和规划属于市场或营销部门的职能，而不是产品经理的职能。但实际上，对商业模式的把握可以让产品经理对于产品后期的营利环节有更精准的规划和预测，所以掌握商业模式的基础知识也属于产品经理的分内之事。

商业模式的转变不全是人的因素造成的，而是时代、技术发展导致的必然结果。有些人抢先看到了商机，从而在商业模式转变的浪潮中起了推波助澜的作用。商业模式的更迭是一个没有终点的进程，这就如同需求一般，一种新需求的出现总会引发新的产品的诞生，一种新的商业模式的产生也必然会催生更新一代的商业模式。

第四章 产品经理技能篇——商业模式

第一节 商业模式的概念

商业模式是企业创造收入和利润的计划。总而言之,商业模式是一个计划,是计划就意味着不会一成不变,会根据现实情况的发展发生改变。所以商业模式也不是固定不变的,它会随着产品的诞生、上线、运营而产生具体内容的转变。从另一个层次来讲,虽然计划会发生变更,但是计划的存在也是对未来的一种保障。我们经常说:要打有准备之仗。对于产品经理,商业模式的分析与规划就是在为产品的将来打有准备的仗,从另一个角度来看,也是对产品的未来的一种负责。

商业模式是公司服务计划的总结,它包括策略和实施。商业模式描述的是一个很大范围内正式或非正式的模型,这些模型被公司用来描述商业行为中的不同方面,如操作流程、组织结构、金融预测等。虽然这个概念早在20世纪50年代就被提出,但直到20世纪90年代才被广泛接受。

商业模式描述了企业创造价值、传递价值以及获取价值的过程。在价值体系中,唯有价值可以带来利润,并为企业带来源源不断的创新。没有价值的产品是难以维系下去的,更不会发展起来。价值是产品存在的基石,而不是产品上升的阶梯。换句话说就是,想让产品在市场中占据一定的位置,首先就要让其具有价值,然后再谈论其日后的发展进程问题。

商业模式是一个理论工具，它描述了大量的商业元素及它们之间的关系，并且能够描述特定公司的商业模式。它能显示一个公司在以下一个或多个方面的价值所在：客户、价值主张、渠道通路、关键业务、成本结构等。商业模式以营利和获得可持续性盈利为目的，促进生产、销售，传递价值以及维护关系资本的客户网。

为了让大家更具体地了解什么是商业模式，亚历山大·奥斯特韦德将商业模式分成了九个模块（见图4-1）：用户细分、价值主张、渠道通路、客户关系、收入来源、核心资源、关键业务、重要合作、成本结构。

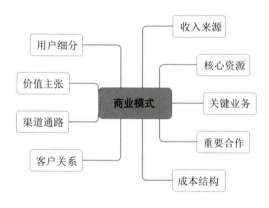

图4-1 商业模式

用户细分

无论产品是怎样一种形式，都会以用户为核心。有些产品用户即客户，有些产品用户是为客户谋利的资源，因此作为产品经理要清楚地知道为谁创造价值，谁是重要客户。对于现阶段的产品，没有用户就没有资源，没有资源就没有办法营利，没有盈利企业就难以维系。所以对于任何企业，客户和用户都是非常宝贵的资源。

任何企业、任何产品都会有主要的用户群体，做用户细分就是为了明确自己的主要用户群体有哪几类。确认主要用户群体后，可以针对他们的共同需求对产品进行设计。所以产品长什么样子、产品的定位是怎样的、产品的营收规划是什么，都与用户有着密不可分的关系。

价值主张

产品所传递的价值对于产品的定位乃至未来的发展规划至关重要。产品所要传递的价值决定了产品将为用户解决怎样的问题，满足用户怎样的需求。产品的价值主张没有优劣之分，但如果想长期稳定地发展就需要拥有正确的社会导向和正能量的价值观。简书之所以脱颖而出，不仅仅因为简书准确掌握了用户的写作心理和需求，或拥有出色的运营团队，更因为简书拥有很正面的价值主张。

简书给广大的写作爱好者提供了一个良好的平台，让普通人也可以拥有自己专属的写作平台，甚至可以创造自己的写作品牌，创造专属于自己的价值。从这个层面来说，简书是一个带给社会正向价值的产品，至少我就是因为简书开始写作的。

渠道通路

当产品有了成规模的价值主张，并且已经确认目标用户群体是哪些人之后，就要考虑如何将价值主张传递给目标用户、有哪些渠道可供宣传使用。这就是所谓的渠道通路。这就如同一个作者写出了成篇的文章后，就要考虑如何进行传播。如果你的输出没有可供分享的渠道，那么即使输出品质量再高，也无法实现它的价值。

就简书上的文章来说，输出的渠道是多种多样的，除了在简书平台进行发表，还可以将文章分享到其他平台（微信、QQ、微博等），甚至可以转化成图片为自己所用。转换为图片这一功能是吸引我使用简书的重要原因。目前，渠道通路通常被分成两个部分，一个是通过企业的自有渠道进行推广宣传，另一个是通过合作伙伴的渠道进行推广宣传。现有企业大多选取两者混合的模式，其目的就是使成本最小化，收益最大化。

客户关系

如果是互联网企业，那么客户关系就可以理解为用户关系，这决定了用户在产品中担当着怎样的角色。有些产品是自己（企业内部员工，一般指运营团队）提供内容，让用户观看，如杂志的内容通常由企业内部编辑人员提供，而用户只是接受者，延续"你写我看"的经典模式。而有些企业是用户创造内容，比如现在经常使用的抖音，它是一个自媒体短视频应用。在这个应用中，用户的角色是内容提供者，抖音中的短视频基本都是用户自己产出的作品，质量参差不齐。用户关系／客户关系通常要与企业商业模式相结合，需考虑关系成本。

收入来源

心脏对于人体是非常重要的器官，心脏停止跳动就代表着人的生命体征彻底消失。而收入来源就相当于一个企业的心脏，没有收入来源，企业就无法生存。想让收入稳定并持续增长，就要考虑如何让用户/客户付费购买你的产品、产品应该具备怎样的价值。收入的方式包括出售产品、订阅产品收费、授权收费、广告收费、VIP收费等。一个企业的收入来源是多种多样的，各种收费方式重叠存在，这样才能维持收入的稳定持久。

核心资源

核心资源是使商业模式得以运转并有效实施的必要因素，没有核心资源，商业模式就无法得到有力的支撑。所以核心资源相当于商业模式的支柱，没有这个支柱，商业模式就无法长期有效地实行。核心资源越充沛、有利，"支柱"也就越坚固，商业模式也就越稳定。

那么究竟什么是核心资源？核心资源可以是固定资产，可以是知识资源，还可以是人才优势；核心资源可以是自有的，也可以来自其他公司或其他合作伙伴。简而言之，核心资源就是只有你具备，而他人却很难拥有的资源。

关键业务

关键业务与核心资源一样都是商业模式得以正常运营、顺利实施的关键因素。核心资源可以理解为企业的优势，这个优势通常不是外部企业可以轻松具备的，也不是那么容易复制的。而关键业务是企业收入来源的重要途径，如：软件供应商，它们的主要业务是软件的开发与迭代升级；硬件提供商，它们的主要业务是供应链的管理和维护；猎头企业，它们的主要业务是人才资源的收集和管理；等等。关键业务通常是企业获取收入的重要来源。

重要合作

重要合作通常用来构造企业的关系网，现阶段一家企业独立发展的情况已经很少见，各个企业都会从自己的利益出发寻找合作商进行资源或商务合作。一般企业之间的合作可以分成四大类，分别是非竞争者之间的战略同盟关系、竞争者之间的战略合作关系、为开发新业务而促成的合资关系以及为了维持稳定的收入来源的供应商关系。

对于企业之间的重要合作，最应该看重的是对方企业的核心资源和关键业务——核心资源是否可以被利用以及合作方的关键业务是否与自身关键业务相契合。其中有任何一点难以匹配，都无法成为合作方。

成本结构

成本结构描述的是一个产品从规划到开发，再到上线、运营等全部阶段所需要的成本的总和。在任何一家企业的商业模式中成本都会被最小化处理，用通俗的话来讲就是：花最少的钱干性价比最高的事。成本结构的来源种类繁多，只要是企业为这个产品花出去的钱，都会被算进成本里。小到员工的薪资、办公区域的租金、购买相应设备的费用，大到与合作方的资金往来，等等，都属于成本结构的内容。

总结：

商业模式是企业创造收入和利润的计划；商业模式是公司顾客服务计划的总结；商业模式描述了企业创造价值、传递价值以及获取价值的过程。商业模式可分成九个模块：用户细分、价值主张、渠道通路、客户关系、收入来源、核心资源、关键业务、重要合作、成本结构。

第二节　商业模式并非只是营利模式

很多人会误认为营利模式等于商业模式，商业模式就是在谈论如何赚钱。首先我想说这个观点是完全错误的。用一个公式来表示二者之间的关系：商业模式＝产品模式＋用户模式＋推广模式＋营利模式，可见营利模式包含在商业模式中（见图4-2）。

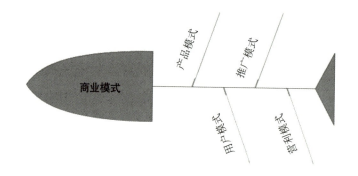

图 4-2　商业模式鱼骨图

简而言之，商业模式规划了企业为怎样的人群提供了怎样的产品，并为其创造了怎样的价值，在整个过程中，利用什么推广方式使得产品获得商业价值并赢利。商业价值就是企业的投资价值，是企业预期可以产生的现金流。商业模式是产品模式、用户模式、推广模式以及营利模式的总和，下面我们进一步了解这四个模式的内容。

产品模式

产品模式就是公司计划做出什么样的产品、满足哪些人的需求。目前，很多在互联网上做得很大的企业都是产品驱动型公司。何为产品驱动？就是整个公司的商业模式以产品为主导，包括产品的主要消费人群是什么等级、产品为用户创造了什么价值等。

用户模式

用户模式就是站在用户的角度思考如何创造产品，不要总想着做出一款普及大众的产品，以这样的想法做出来的产品往往会过于平庸。每一款产品都会在一定程度上存在固定的消费人群。这个消费人群具有怎样的共同特点，怎样能满足他们的共同需求，这就是用户模式所研究的事情。

推广模式

如果你想不花钱进行推广，只靠口碑来传播产品，那么你实现目标的路将会漫长且艰难。你要知道中国的互联网公司拥有超一流的需求分析能力，以及竞品研究能力，它们可以轻松研制出相同功能的产品，甚至可以做得更好。推广的形式可以有很多种，大到购买资助商宣传平台，小到在论坛发帖，都属于推广的形式。国内推广做得比较大的两个手机品牌分别是 vivo 和 OPPO，它们在推广上可谓不遗余力。相信大家经常会在电视的综艺节目中看到它们的独家赞助。但是，不论推广形式是怎样的，首先产品要保证功能完善，性能稳定。

营利模式

营利模式（收入模式）是众多企业最为关注的问题之一，大部分互联网公司都靠用户基数进行营利，总的来说，赚钱的途径大概可以分为以下三种。

传统的买卖方式。卖真实的东西，比如马云所创立的淘宝网——中国购物平台的领导者之一，可以称为电子商务；卖虚拟金融产品的（基金等），可以称为互联网金融；卖虚拟服务的，可以称为O2O。

增值服务。相信很多人都玩QQ，QQ即使被同企业的微信抢占了很多流量，但是依然拥有庞大的用户群。QQ有花钱加钻的服务，这项服务并不是为所有用户设计的，此功能的目标用户群可能只占全部使用用户的10%，甚至还不到。即便购买的概率仅有2%，有如此庞大用户群体的QQ也可以赚取一定的资金。在网络游戏中花钱买设备也是一样的道理。

广告收入。随着互联网的发展，手机已经成为每个人生活的必需品，我们常常抱着手机或iPad娱乐一整天，因此像爱奇艺类的影视网站，就成为我们娱乐的途径。在观看影视剧的时候，平台常常在视频开头加入一段1分钟的广告，有时候在视频的中间还会再插入一段30秒的广告，那些不是VIP的用户只能乖乖盯着秒数倒计时。这些广告就是爱奇艺的主要收入来源之一。这也是很多网站免费的原因，因为用户基数足够大，也就不用担心没有人购买广告位，因为流量所在之处，都蕴藏着巨大的商机。

一家优秀的企业需要懂得如何创造出更多的新的除了产品之外

的"营利点",如开发延伸产品、解决方案等。在现实生活中,你会发现许多企业有很多不同类型的产品。比如,有的产品是用来吸引用户的,有的产品是用来增加流量的,有的产品是用来提升品牌价值的,有的产品是用来赚取利润的,还有的产品是用来增加用户忠诚度的,等等(见图4-3)。

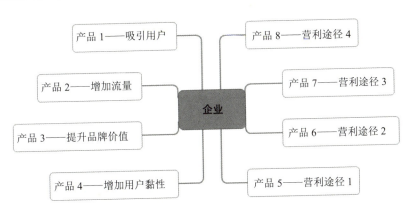

图4-3　不同产品的不同价值

这就说明不同的产品对于公司的贡献是不同的,虽然并不是每个产品都可以用来营利,但是相应的产品可以给企业增加相应的价值,这种价值通常是企业自有的,是其他企业无法复制的。比如美图公司,美颜相机、美图秀秀等工具类产品都很难为公司直接谋取利益,但是它们可以引流和增加用户忠诚度,这是企业自有的核心资源,是其他公司夺不走的。营利点可能就在手机硬件、技术授权或内部现金流等内容上,一旦用户基数达到一定的程度,企业就能找到营利点。所以互联网企业先不要想着怎样营利,而是要思考怎样增加用户基数。

在互联网行业你会发现这样的现状,有的企业主营产品打着完全免费的旗号，貌似其不赚钱也可以接受，甚至有的企业赔钱都无所谓，按照传统企业的思维，这样做肯定不符合其固有的传统风格。但是新兴企业这样做其实是为了先锁定客户，在后续的服务中再创造价值，进而谋取利润。所以在互联网领域，对于新开发、新上线的产品，不建议一开始就打付费的名号，这是因为这样做一方面没办法扩大用户使用群体，另一方面用户对于互联网付费也具有一定程度的抗拒心理。

总结：

商业模式＝产品模式＋用户模式＋推广模式＋营利模式，营利模式包含在商业模式之中，商业模式并不仅与营利有关。成功的商业模式一定有一个很好的营利模式，所有企业的最终目的都是挣钱，毕竟企业不是慈善机构，没有很好的营利模式，企业就会倒闭。

第三节　互联网常见的商业模式

商业创新可以分成两大类：一类是技术的创新——新技术取代旧技术；另一类是商业模式的创新——新的商业模式取代旧的商业模式。而现阶段，商业模式的创新占据主导地位，新技术创新带来的经济价值是潜在的，没有商业模式创新带来的经济价值那么直接和可观。而且同一种技术采用不同的商业模式推广会带来不同的经济收入和价值。

接下来先不讨论传统企业，单就互联网产品阐述常见的商业模式。就个人观点来说，传统企业产品和互联网产品的商业模式是重叠的，只是互联网产品的商业模式换了一种包装形式，增加了一些流量变现、增值服务等。

营利模式

广告。广告是颇为传统的商业模式。综艺节目中，除主持人口述的赞助商之外，节目中间穿插的广告都属于电视台非常重要的收入来源。这些广告有的是视频形式，有的是冠名商标，并且会一直显示在电视上。这些都属于比较传统的广告，几乎是电视台最常见的营利模式。节目的观众越多，节目受欢迎程度越高，自有品牌的价值也就越高，通过其发布广告就要花费更高的成本。

广告的形式是多种多样的，包括文字、图片、视频和动图；广告的类型又有很多种，包括搜索广告、竞价广告、联盟广告等。

其他营利模式。如线上—线下佣金，分成与服务费，虚拟货币、虚拟物品等增值服务，开放API（开放平台），等等。微博、百度、淘宝、京东这类互联网企业就是开放API，其主要的商业模式就是利用平台资源谋利，用户利用其平台可以实现创业及商业模式的运转。

正是因为互联网的便利、快捷、全局性，其营利方式才会突破传统行业，并处于不断迭代升级的进程中。

免费模式

免费模式也是营利模式的一类。众所周知，免费是互联网的特点之一。免费的产品或服务必定是为通过其他商业模式营利服务的，所有的免费都是为了更好地收费。我一直强调完全免费的产品是不存在的，即使这个产品是完全免费的，其背后肯定会有其他目的：可能是为了导流，可能是为了提升品牌影响力，可能是为了汇聚人气，也可能是为了引发舆论热点，等等。

在免费互联网商业模式中，狄德罗效应被广泛应用。狄德罗效应是常见的"愈得愈不足现象"，在没有得到某种东西时，心里很平稳，而一旦得到了，却不满足了。举个生活中狄德罗效应的例子：人们分到或买到一套新住宅，为了配套，总要大肆装修一番，铺上大理石或木地板后，自然要以黑白木封墙，然后安装像样的灯池；四壁豪华后，自然还要配红木等硬木家具；出入这样的住宅，显然不能再穿破衣烂衫，必定要有"拿得出手"的衣服与鞋袜；就此"狄德罗"下去。

现实生活中的一个非常典型的例子就是免费送手机，这个商业模式曾经非常流行，虽然这个手机是免费的，但是之后的各种缴费金额通常都会被固定下来，只要你拿到这个免费的手机，就必须接受一系列强制性的收费项目，而且在规定的时间内不得中断，这就是利用了狄德罗效应。

目前持续了数十年的免费商业模式也在一步步走向衰落，想进一步提高自己的产品的影响力，还是要创新商业模式。

最好的营利模式

现在的市场竞争越来越激烈。消费者变成了选择的主体，而且他们有众多可以选择的空间，导致企业一旦出现错误，就要付出极其惨痛的代价，而且在此期间会有其他公司抢占企业的市场，之后想夺回来也甚是艰难，所以错误所导致的代价成本非常高。

在国内，互联网的情况大概就是：当出现一个很热的需求时，会有无数家企业参与进来（其中有些可能是互联网巨头，有些可能是新兴企业），然后大家一起将它做到市场饱和的状态。

最好的营利模式需要把握以下两点。

产品差异化。产品差异化可以让你的产品在众多的产品中脱颖而出，形成你的核心竞争力。对于受众来说，就是建立产品鲜明的品牌形象。

简单。约翰·斯考利曾说："人们在工业时代所学的所有知识都倾向于制造越来越多的复杂性，现在有越来越多的人开始明白要简单化而不是复杂化，这是典型的东方智慧——最高明的智慧是简单。"

事实上，在信息越来越多、越来越冗余的情况下，厌烦情绪正是因为过度刺激和过多信息而产生的。开始做产品的时候，往往大家都很喜欢或者较容易将产品"负重"做得过多，生怕缺少了一个功能或一个按钮，甚至于每个人都可以给这个产品提意见、提需求，导致产品越来越复杂，功能越来越多，界面越来越"丰富"，但是这真的是好产品吗？

复杂的内容往往不会带来很高的价值，只会带给用户冗余感。对于产品经理而言，要谨记简单这一原则，因为"少"就是"多"。

总结：

现阶段，商业模式的创新占据主导地位，新技术创新带来的经济价值是潜在的，没有商业创新带来的经济价值那么直接和可观。互联网的广告种类和营利方式是多种多样的，而且至今还在不断创新中。复杂的内容往往不会带来很高的价值，只会让用户产生冗余感，所以不要生产复杂且令用户困惑的产品。

第四节 透过例子看产品商业模式

为了让大家更清楚地理解商业模式，接下来从《奇葩说》看其商业模式。

为什么要通过一个综艺节目来讲述产品的商业模式？在人们的固化思维中，产品一般指的是硬件产品、软件产品、网站或者App，但其实身边的一切都可以是一个产品，当然所看的综艺节目也属于产品，它们也有自己的策划团队、设计团队、制作团队以及运营团队等。

《奇葩说》的商业模式相对简单，是赞助商付钱，节目制作方组织常驻嘉宾上综艺节目（打着综艺包装的严肃辩论节目）。制片公司的真正客户群体是赞助商，但是服务对象是用户，因为有用户才有流量，有流量才会有赞助商投广告，用户越多赞助商的广告投入越大，两者成正比关系。

因为《奇葩说》用户越来越多，所以赞助商越来越多，广告费越来越高，制片公司的资金实力也就越来越强，因此有才华的人越聚越多，辩手越来越多，辩论的质量越来越高，所以《奇葩说》才越来越好看，市场占有率越来越高，从而形成一个良性的循环。

《奇葩大会》这个节目可以看作一个人才储备库，这个储备库是为《奇葩说》而准备的。

第一个层面:《奇葩大会》是《奇葩说》的人才储备库。现在的观众非常容易失去新鲜感,也会很快放弃已经陈旧乏味的东西,所以《奇葩说》要储备不同类型的人才,为节目输送更多新鲜的血液,始终给观众带来新鲜感。

第二个层面:《奇葩大会》是另一场商业策划。《奇葩说》不可能每天都播出,因为每天播出会带给观众乏味感,但是制片公司需要集资,所以《奇葩大会》只是制片公司另一个大规模的商业策划。《奇葩大会》是打着《奇葩说》的名号诞生的,观众自然不会少,那么赞助商也会络绎不绝,有赞助商投资的公司,资金就会比较充足,所以筹办《奇葩大会》是一个明智之举。

第三个层面:给更多的年轻人提供展示自我的机会。《奇葩大会》没有什么限制,你只要有勇气就可以参加。另外,《奇葩大会》有别于其他的综艺节目,在这里人们敢于说真话、说实话,而且节目不在乎你的出身背景,也不在乎你有多"奇葩",你越有个性越好,你只要敢秀,有才华,就可以展示自己。所以《奇葩大会》也是一个有更多机会的平台。

第四个层面:《奇葩大会》提供了一个分享的平台。只要你有故事就可以来分享你的故事,让更多的听众听到你的声音。在这里,人才不会轻易被埋没。

因为有了《奇葩说》,所以有了《奇葩大会》。《奇葩说》乃至《奇葩大会》的成功,既源于马东的个人魅力,也源于制片公司赋予节目的正面价值，更源于制片公司对节目合理的商业模式定位和策划。

总结：

想要打造一个火爆的产品，重要的是要有合理的商业模式及正能量的价值体系。《奇葩说》被赋予了很多产品之外的价值。这种价值往往是更深层次、更广维度的。

第五节　市场营销 3.0 时代——以人文精神为中心

市场营销属于商业的内容之一，菲利普·科特勒将市场营销的演进划分为三个阶段（见图 4-4）：营销 1.0 时代是以产品为中心的时代；营销 2.0 时代是以消费者为中心的时代；营销 3.0 时代是以人文精神为中心的时代。目前，小部分企业处于营销 1.0 时代，大部分企业已经在营销 2.0 的道路上越走越远，仅有小部分企业正在努力践行营销 3.0。以后，必然是那些践行营销 3.0 的企业更有能力抢占未来的市场并获取更多的商机。

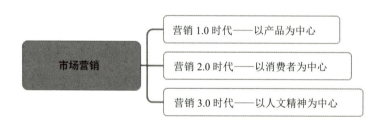

图 4-4　市场营销的三个时代

这三个市场营销阶段都是在近几十年发展出来的，随着消费者在市场环节中拥有的选择权越来越大，市场营销的中心也在进行着相应的改变。在过去，企业基本只专注于生产自己的产品，竞争也没有那么激烈，那时候是以产品为中心的时代，消费者能够选择的空间很小，属于被动的角色。随着技术的升级、商业模式的发展，产品市场的竞争异常激烈，这时候就演变为以消费者为中心，企业要赢利，就要知道如何取悦用户，如何抓住消费者的需求，让消费者满意。而现在，企业已经不再把消费者视为简单的消费个体，还要考虑消费者的独立思想、心灵和精神，企业的营利能力与它的企业责任感息息相关。

为消费者提供意义感将成为企业未来营销活动的价值主张。这个时候市场营销的中心已经不仅仅是消费者，而是更内在化的东西。现在的整体环境更需要富有使命感、具有正能量，能在社会上发挥积极作用的企业，希望这些企业能满足用户的内心需求。也就是说产品不仅要满足用户功能和情感上的需要，更要满足用户精神上的需要。营销 3.0 把营销理念提升到了一个新的高度。

价值驱动

价值驱动型商业模式将成为营销 3.0 的制胜之道。如果企业可以把人类的精神动力融入自己的使命、愿景和价值观，那么这样的企业必将拥有专属于自己的品牌竞争力。

实际上，新的营销概念总是随着商业模式的不断变化而推陈出新的。传统的营销 1.0 与营销 2.0 并未完全失去作用，营销依然需要开发细分市场、选择目标市场、确定产品定位、建立产品品牌等。但是商业模式的变化，如经济萧条、新型社会化媒体、消费者增权、新浪潮科技和全球化，使营销活动发生了深刻而持续的变革。

在信息膨胀的今天，用户的希望也上升到了新的台阶：希望这个社会、国家甚至全世界可以变得更美好，因此企业的价值观也需要上升到一个新的高度，企业也需要努力改变这个社会，哪怕是很小的一部分。

虽然说企业的终极目标是赢利,但是在赢利的基础上,企业还需要具备更高的理想——不仅可以解决用户问题,还可以给社会带来正面价值。

此外,拥有正面价值观的企业还可以带来绝对的人才资源优势,通过建立言而有信、道德至上的形象,能够吸引和留住人才,而且可以提高员工的工作效率,因此维护企业的形象就等于提高员工的忠诚度。

品牌 3I 模型

一个完整的人涉及四个方面:健康的身体、独立的思考、可感受情绪的心灵以及可传递价值观的精神。如今人们心理层次上的情感诉求是非常重要的,所以满足消费者内心世界的需求也被增加到产品需求中。

在市场信息日益繁杂的今天,想让消费者快速注意到你的品牌,产品定位就必须新颖独特,还必须和消费者的理性需求及期望一致。营销者应考虑消费者的精神世界,这样品牌定位才能深入消费者的内心。

在营销 3.0 时代,营销是由品牌、定位和差异化构成的等边三角形,这也就是所谓的品牌 3I 模型,即品牌标志、品牌道德和品牌形象(见图 4-5)。差异化可以说是反映品牌完整性最根本的特征,是保证品牌得以实现的根基。差异化与定位一起发挥作用才能创建出良好的品牌形象。

图 4-5　品牌 3I 模型

品牌标志要将品牌定位移植到用户观念中。在信息爆炸的今天，想让用户第一眼就注意到你的产品，品牌标志就要设计得新颖、独特且富有新意。品牌道德指的是这个品牌传递给社会一种怎样的价值观，是企业对于用户的一种承诺，它决定了用户能否信任你的品牌。品牌形象指的是从用户的角度看，这个品牌是怎样的一种形象，能否和用户形成情感共鸣。

3I 模型与社会化媒体背景下的营销高度相关。如今消费者的权利变得越来越大，企业必须采取高度一致的"品牌＋定位＋差异化"手段才能实现营销目标。任何一个负面评价都会损害品牌形象，不要试图控制消费者的圈子或社区，因势利导，让消费者主导供求关系的变化是营销环节中的重中之重。

营销 3.0 同时也是意义的营销，这些意义可以整合到企业的使命、愿景和价值观中。可以把营销提升到一个新的高度，使其成为参与制定企业未来战略的重要力量。这种力量可以为社会和用户带来正能量甚至是改变。

总结：

市场营销可分为三个阶段。营销 1.0 时代是以产品为中心的时代；营销 2.0 时代是以消费者为中心的时代；营销 3.0 时代是以人文精神为中心的时代。目前我们正处于营销 3.0 时代，所以在现阶段创造产品，不仅要考虑功能、架构、界面、需求等内容，还要注重产品是否能够满足人们的精神需求，是否能给社会带来正面的价值导向。此外营销者还要将品牌定位到用户的精神世界中。

第五章

产品经理技能篇——"画图"

一听到"画图",肯定有人很奇怪,画图不是设计师应该做的事情吗?为什么会被规划到产品经理的技能中?事实上这里的"画图"是加双引号的。原型图是产品经理经常画的图形,产品经理通过自己对于用户需求的了解,产生相应的灵感和想象的空间,才形成了对开发、设计具有指导性意义的"原型图"。设计师在画图时需要灵感,作家在写作时需要灵感,产品经理在画原型图时同样需要灵感。

除了原型图,产品经理还需要画很多"图",包括思维导图、商业模式画布、产品路线图、产品逻辑图、产品流程图等。产品经理画图有明确的目的。原型图是为了让设计师清楚地知道产品经理想要的界面是怎样的布局,让开发人员清晰地了解各界面的功能需求,让测试人员掌握最形象的"测试用例";思维导图是为了让相关人士更清晰地理解产品的架构;产品路线图是为了控制产品开发迭代的时间,有效掌握产品的生命周期;流程图是为了保证产品整体逻辑流程的持续有效性。

人们对文字理解的差异很容易导致团队成员产生误解,但图形却能够准确地表达产品经理想要描述的内容。画商业模式画布也是为了将文字描述的商业模式转化为一张简单的图形。大家应该都有一种感觉,就是当你看到一大段文字时,乏味枯燥感会迅速袭来。所以,能用图画表达的内容就不要用文字,能用表格表达的内容也不要用文字,图画和表格相对于纯文字更有助于清晰有效地进行表达。

归根结底,产品经理"画图"的目的是减少不必要的沟通成本,减小后续开发过程中出现差错的概率,避免产品团队成员产生误解。虽然"画图"是一件非常重要的事情,但它绝不是产品经理最主要的工作内容,产品经理需要掌控从产品创造到上线、运营的整个过程,"画图"仅仅是产品经理工作中的一小部分内容,但是"图"画得清晰与否却可以决定能否减轻产品经理的负担。

第一节 思维导图

大家在本书中看到的部分图是我通过思维导图软件绘制的。下面我们详细了解思维导图这个工具。

思维导图（mind map）是一个帮助思考的工具。它是剑桥大学、牛津大学、哈佛大学、斯坦福大学等世界名校以及微软、甲骨文、迪士尼等500强企业员工必须掌握的工具，由此可见它的重要性。能够被众多知名院校和企业倡导使用的工具必然有它的独特之处。

人的大脑是极其复杂的，一个指定的信息可以激发我们记忆深处的更多信息，如果在此基础上不断地拓宽，思维就会变得越来越清晰、越来越高效，这就是所谓的发散性思维。发散性思维可以反映你内在的知识结构和思想（见图5-1），思维导图就是一个可以使你的思维得以发散的应用工具。

思维导图是一种有效的沟通工具。每个人的思维方式都是不同的，这导致人们看待同一件事情的维度不同，所以再顺畅的沟通也会产生误解。而通过思维导图，可以比较准确地了解对方的想法。

每个人画思维导图都有自己独特的方式。用色可以反映一个人的性格，线条上的语言可以反映一个人的思维倾向，等等。

思维导图是一个可以应用到任何领域的思维工具。总之，思维导图的应用场景只有你想不到的，没有它做不到的。绘制思维导图不受任何地点、时间、工具的限制，只要你有一支笔、一张纸，随时随地可以进行。

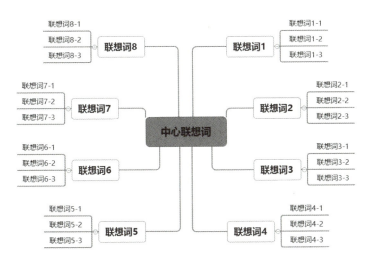

图 5-1　人类大脑的发散性思维

发散性思维

发散性思维的重点在于"发散"二字。思维的发散是可以激发大脑的潜能的。思维导图可以帮助大脑进行无限的思维发散（见图 5-2）。

图 5-2　发散性思维

进入大脑的任何一条信息（可以是感觉、文字、数字、记忆）都可以成为发散性思维的中心点，这个中心点可以进一步引发出几个、几十个、几百个、几万个甚至几百万个思绪点。这些思绪点又可以作为新的中心点进行引发，最终形成的数据是极其庞大且令人惊叹的，像程序的数据库一般。这就是发散性思维的伟大之处，也是大脑的神秘之处。而思维导图又进一步帮助了人的大脑进行发散性思维。

思维导图的绘制

思维导图有很多种形式，只要你能想得出来，它可以是任何形式的。思维导图的绘制没有什么条条框框，它给予了非常广阔且自由的创作空间，不拘泥于任何展现形式，只要你有想法，就可以随性地按着你的设想将其绘制出来。图5-3所示是快乐的思维导图。

图5-3 快乐的思维导图

同样，绘制思维导图的环境也没有任何限制，你可以在纸上绘制自己的思维导图，也可以在手机上或电脑上下载思维导图软件进行绘制，只要你有想法、有思路，就可以付诸现实生活。

思维导图的益处

思维导图可以帮助你整理思绪，开拓思维，提高逻辑思维和深入思考的能力，它还可以帮助你根据复杂多样的信息做出正确的决断。对个人来说，学习思维导图是工作需要，因为日常既需要广泛深入的思考又要做到细心谨慎。在着手画思维导图以后，你会发现思维导图不仅可以应用到工作中，还可以应用到其他领域，只要你敢想敢画。而且经过一段时间，回头看自己画的思维导图会有一种新的感悟和体会。

不知道大家有没有这种感受：在你看完一本书后，很难回想起这本书的逻辑架构，记住的可能只是其中的几个故事、几句话，思维导图就可以帮助你有效解决这个问题。读一本好书，画一幅关于此书的思维导图（见图5-4），即使你当时没有太多的感悟，但随着时间的流逝，你回头再看思维导图，或许可以获得更多的"财富"。

思维导图应用举例

思维导图是产品经理经常使用的工具。产品经理在绘制架构图、进行产品功能分析时都可以使用思维导图。下面是我利用思维导图对美颜产品进行分析的一个例子。

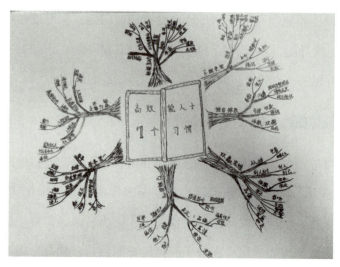

图 5-4　一本书的思维导图

美颜产品之所以受到消费者喜爱是因为其满足了人对美的需求，这一需求对女生尤其重要。美颜产品（见图 5-5）可以帮助人们通过社交平台尽情展现自己，搭建属于自己的平台，塑造自己的形象，这满足了人的分享、社交、刷存在感等的需求。

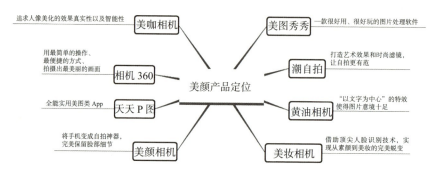

图 5-5　美颜产品定位的思维导图

在这样的美颜浪潮中，各类美颜修图 App 成为美图生产的流水线，每一张照片都要经过精挑细选、精心"打磨"，才能被发布到网络上。

目前，绝大多数美颜 App 都是以工具性为基础、以社交性为拓展形式的产品。

美颜功能（见图 5-6）可以概括为以下几个共同特点。

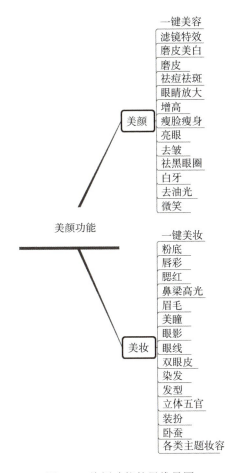

图 5-6　美颜功能的思维导图

（1）入门门槛低，操作简单。

（2）素材丰富多样，种类繁多。

（3）都有分享功能，可增加用户黏性。

市面上大部分的美颜App在功能上的差异微乎其微，那么这些美颜修图App要如何实现差异化发展呢？

（1）从最初的简单修图，到自黑搞笑素材，再到最新热门素材、各类节日素材，不断创新是美颜产品维持热度的方式。

（2）强化社交功能，增加用户使用黏性。

（3）增加视频板块，创建多种不同的场景。

虽然美颜产品找到突破口比较困难，但是用户对美颜产品的需求是炽热的，且不会随着时间的推移而停止。

总结：

人们在工作或生活中很难兼顾很多事物，而思维导图有助于整理逻辑、拓宽思路、弥补细节。思维导图可以帮助你整理思绪，开拓思维，可以提高你的逻辑思维和深入思考的能力，它还可以帮助你根据复杂多样的信息做出正确的决断。绘制思维导图不受任何地点、时间、工具的限制，只要你有一支笔、一张纸，就可以绘制思维导图。

第五章 产品经理技能篇——"画图"

第二节 产品架构图、逻辑图、路线图

产品架构图

产品架构图是一种比较泛的图形,没有明文规定产品架构图要如何绘制。对于网站、App、HTML5、移动端应用这类产品,产品架构图表达的主要是各界面之间的逻辑关系;对于硬件产品,产品架构图表达的则是比较复杂的结构。

产品架构图通常可以自上至下自动增加垂直方向层次的组织单元、图标列表等信息,以图形形式直观地表现组织单元之间的关联关系,如果条件允许,还可以通过架构图直接查看组织单元内部的详细信息。

图 5-7 所示架构图是我为一个二手交易应用绘制的。其实,架构图究竟是什么类型、什么样的内容都是无法确定的,甚至于同样的产品,不同产品经理绘制的架构图可能都是不同的。架构图存在的意义就是让产品团队成员清楚地了解产品的架构。

产品逻辑图

产品逻辑图也可以理解为产品流程图。当产品是交易类型、支付类型或电商类型的应用时,产品逻辑图就显得特别重要。绘制产品逻辑图需要产品经理拥有非常严谨的思维体系,其中任何一个环节的失误或缺失都会导致整个系统出现漏洞。而一旦涉及金钱的交易出现漏

洞，就可能导致无法估量的灾难性后果。所以对于这种类型的产品，产品逻辑图是一个非常重要的存在。

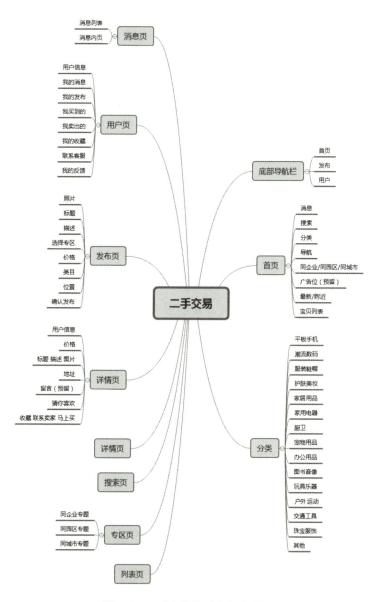

图 5-7　二手交易的功能架构图

下面给大家看几幅内容比较简单的逻辑图，第一幅是用户进行内容发布的逻辑图（见图5-8）。

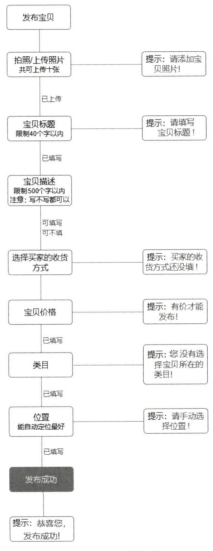

图5-8 发布内容的逻辑图

这个逻辑图相对来说比较简单,主线仅有一条,没有那么多的分支,比较适合用户进行个人信息填写。通过这张图,开发人员可以明确地知道要如何实现整个流程。

图 5-9 是一个比较典型的买家流程图。首先要考虑两种主情况:已支付和待支付。已支付下面还要再分为不想买了和确认收货两种状态。确认收货下面又有取消和确定两种状态。待支付相对来说比已支付更复杂,首先待支付下面分为付款、取消订单、线下交易三种情况。付款又分为已支付和不支付两种情况,其中已支付可以转到上面提到的主情况中。

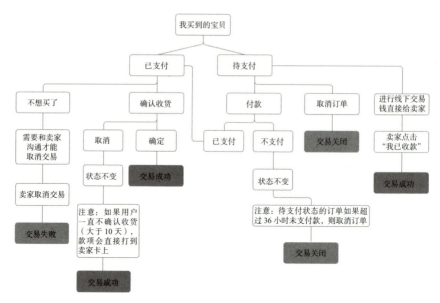

图 5-9 买家流程图

如果只看文字信息可能会感到混乱,而逻辑图则不会给人混乱的感觉。有些内容特别是逻辑比较复杂的,如果仅用文字去描述很难让对方 100% 地理解，但逻辑图却可以，不论多复杂的逻辑图，都可以让对方理解透彻。

接下来介绍的是卖家流程图（见图 5-10）。卖家流程图也要考虑两种主情况：买家已支付和买家待支付。它与买家流程图是相互对应的。在买家已支付的情况下，可以分为买家取消订单和确认收货两种情况；在买家待支付的情况下，可以分为买家付款、双方线下交易、买家取消订单和卖家取消订单的情况。其中，买家付款与前文描述的买家付款相一致，分为买家已支付和买家取消付款两种情况；买家已支付则又转到主情况中。

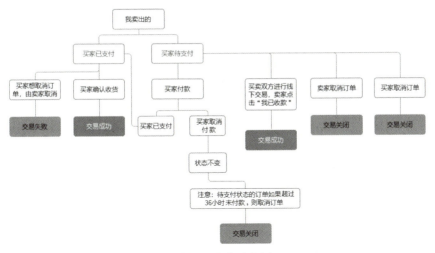

图 5-10　卖家流程图

图 5-9 与图 5-10 其实是一一对应的关系，是紧密相连的，一旦一方有变动，另一方也必然会跟着变动。所以不同的逻辑图之间也是有关联的，而且关系十分紧密。因此，产品经理具有多角度思维的能

力是非常必要的。当你在设计具有买卖双方交易类产品的时候,不仅要站在买家的角度思考,还要站在卖家的角度思考;不仅要站在"是"的角度思考,还要站在"否"的角度思考。所以,产品经理必须具有快速进行"身份切换"的能力。

在下一节中,我们会进一步讨论如何用 Axure 软件绘制原型图。Axure 不仅可以绘制原型图,还可以绘制产品逻辑图。用 Axure 软件对产品逻辑图进行修改快捷、简单。工具是有局限性的,但是人的大脑是灵活的,因此要灵活地使用工具,而非被工具所限。

产品路线图

产品路线图的形式是多种多样的,常见的产品路线图有的用一个时间轴来展现,有的用表格的形式来展现,还有的用坐标轴的形式来展现。无论采用哪种展现形式,图中最关键的数据基本都是一致的,就是时间和各项功能点。

图 5-11 清晰地展现了什么是产品路线图。产品是由非常多的项目组成的,项目是有具体开始时间和截止时间的,所以产品路线图也是有生命周期的,只是产品的生命周期比较长,有些还不可预测,但是不论多久,产品总会有终止的那一天。在产品开发的进程中要特别注意时间进度的安排,一旦没有时间的限制,就会出现产品进度被拖延以及团队成员工作效率低下的情况。所以产品路线图一方面可以让团队成员清晰地知道产品开发的时间安排,另一方面也可以成为"约束"成员的工具,使产品能够在合理时间范围内上线和迭代。

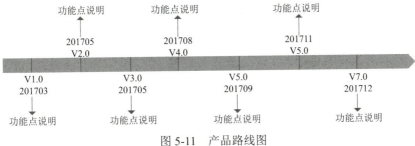

图 5-11　产品路线图

总结：

　　产品经理要擅长绘制各种各样的图形，本节我们所讲的产品架构图、产品逻辑图、产品路线图仅仅是其中的一小部分。图形、表格等这类直观的视觉展现形式往往比文字表述效率更高。

第三节 商业模式画布

在第四章我们介绍了什么是商业模式，知道了商业模式可以细分为九个模块（重要合作、关键业务、核心资源、价值主张、客户关系、渠道通路、用户细分、成本结构、收入来源），知道这九个模块的含义。商业模式画布（见图5-12）就是根据这九个模块绘制出来的。

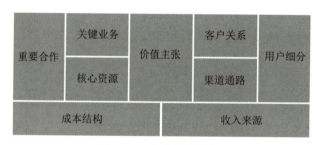

图5-12 商业模式画布

商业模式画布给我们带来很多益处：帮助企业从宏观的视角规划商业模式；帮助企业轻松掌握营利的途径；帮助企业控制成本结构，减少不必要的开支；帮助进行商业模式创新；帮助企业完成自己的目标并实现可持续发展；帮助产品经理减少不必要的争辩、误解和解释，提高整体沟通效率以及减少不必要的沟通成本；帮助企业员工建立共同的"语言"；等等。

由此可见，商业模式画布具有举足轻重的作用，如果一个企业能够善用商业模式画布，那么这个企业就会拥有清晰明了的目标，从而帮助企业取得进一步的发展乃至成功。

商业模式画布不仅是一个图形，更是一个工具，它具有简洁、实用以及逻辑清晰的特点。商业模式画布确保了企业内部有共同的目标，帮助员工紧密合作、减少误解，很好地诠释了目前企业的商业模式。

爱奇艺的商业模式画布

爱奇艺于 2010 年 4 月 22 日正式上线。在视频应用领域风起云涌、竞争激烈的环境中，爱奇艺因其成功的商业模式后来者居上，现已发展成为国内视频应用领域的绝对领跑者。

下面从观众的角度出发绘制自己所理解的爱奇艺的商业模式（见图 5-13），也让读者对于商业模式画布有一个更清晰、透彻的理解。

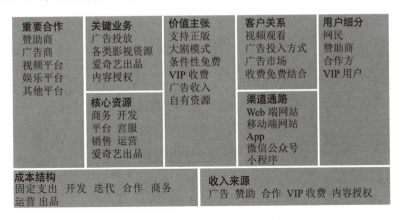

图 5-13 爱奇艺的商业模式画布

重要合作。爱奇艺的合作伙伴非常多，涉及的领域也非常广。比如，职业男子网球协会（ATP）曾与爱奇艺达成战略合作关系，使爱奇艺取得了 2017—2020 年度 ATP 在中国（不包括港澳台地区）的独家新媒体代理权。除了战略合作，爱奇艺的合作伙伴还包括各大自制节目的赞助商、广告商、其他合作平台等。

关键业务。爱奇艺的关键业务除了我所罗列的四个方面（广告投放、各类影视资源、爱奇艺出品、内容授权），还有非常多的内部关键业务，这些内容基本都是机密性质的，不会对外公开，所以如果仅从观众的角度来思考，我所能列出的就是这四个方面的内容。

核心资源。一个企业最核心最不可替代的资源是人才资源，在爱奇艺拥有一批能力出众的各领域人才团队，他们有些是开发团队，有些是商务团队，有些是销售团队，有些是运营团队。除了这些优秀的人才资源，爱奇艺出品的自制剧（如《余罪》《老九门》《最好的》等热播剧）、自制综艺节目都属于爱奇艺的核心资源。

价值主张。爱奇艺自上线以来一直秉承"悦享品质"的品牌理念，一直坚持正版视频。在品质这一块，爱奇艺严格把关，为用户提供了很多品质一流的视频资源。

客户关系。爱奇艺和客户的关系是既简单又复杂的。爱奇艺的客户大多是普通网民，这种客户关系是比较简单的；另外，爱奇艺的客户也可能是各大赞助商或广告商，这种客户关系就会复杂一些，涉及的范围也会更广。

渠道通路。也就是从哪里可以看到爱奇艺的节目。爱奇艺的主要渠道有 Web 端网站、M 版（移动端）网站和手机 App 应用。辅助渠道主要有微信公众号、小程序以及未在图 5-13 中列出的微博官方宣传通道等。

用户细分。爱奇艺的用户包括普通网民，VIP 用户，各大品牌的广告商、赞助商以及合作方等。

成本结构。固定支出指的是员工工资以及其他一些必需的支出，每个月、每个季度或者每年必须支出。此外，开发、迭代等技术工作需要成本的支撑。运营、商务等市场方面的工作也需要成本的支撑。爱奇艺自己出品的综艺、电视剧等同样需要成本的支撑。企业越大，成本结构也就越复杂。

收入来源。和成本结构一样，企业越大，收入来源也就越复杂。爱奇艺的收入来源除了最广为人知的 VIP 收费、赞助商收费、广告商收费，还有合作商的收费，这类收费基本来源于内容授权、技术授权等。除了 VIP 收费是 to C（用户）的，其他收费都是 to B（企业）的。爱奇艺的成功也印证了这一点——营利途径需要具有发散性，不能过于单一。

此外，商业模式画布绝非仅限于营利性组织，对于非营利性组织也同样适用。每个组织、每个团体都有其特定的商业模式，也可能它们的模式不称为商业模式，但是为了保证组织或团体的长期稳定、可持续运行，内部必须有一套墨守成规的机制，这其实也可以被理解为商业模式。两者主要的区别可能就是目的不同，营利性组织最终的目的是让利润最大化，而非营利性组织的目的则和利润无关，且具有多样性。

总结：

如果能够灵活运用商业模式画布，那么相关人员在商业模式分析这件事情上就会效率大增。商业模式画布不仅仅是一个图形，更是一个工具，它具有简洁、实用以及逻辑清晰的特点。商业模式画布确保了企业内部有共同的目标，帮助员工紧密合作，减少误解，很好地诠释了目前企业的商业模式。如果一个企业能够善用商业模式画布，那么这个企业就会拥有更清晰的目标，从而获得更好的发展。

第四节 移 情 图

产品经理最需要具备的一项基本能力就是要懂得如何转换视角。在进行需求分析的过程中，对产品经理来说，一个非常的挑战就是要知道哪些用户的意见是可以采纳的，哪些是要忽略的。每当进行决策的时候，产品经理都要站在用户的角度进行深入分析。

移情图（见图5-14）是一个可视化思考工具，它可以帮助产品经理更快速、更便捷地理解用户的行为，知道用户所处的环境，以及他人所想、所看、所听等内容，只有更加深入地了解用户，才能够挖掘出更准确的用户需求。

图5-14 移情图

图 5-14 所示的移情图被分成了 6 个部分，也就是说通过对用户这六大方面的研究，可以掌握相应群体移情图。首先你要做的是找到目标用户群体，然后在该群体中选择一个特定的人，再赋予这个人名字以及收入情况、家庭情况、工作情况、婚姻状况等多种个人信息，最后进行移情分析。

用户真正的想法和感觉。从多个维度真实地思考用户内心想要什么。什么事情能让他彻夜不眠地思考？对于产品他的真实感觉是什么？什么事情能够触碰他的内心并感动他？他的梦想是什么？

用户听到什么。用户周遭的环境是可以影响到用户的。他从朋友那里听到了什么？他的配偶对他造成了怎样的影响？什么样的人可以真正影响他的决定？什么类型的明星可以吸引他？什么类型的媒体报道是他最关注的？

用户是怎么说、怎么做的。在公开场合下用户会有哪些行为或说出哪些话？他会对别人讲什么？他的态度是怎样的？他的真实想法和说出来的想法是否存在偏差，偏差有多大？他采取怎样的方式做事情？

用户看到什么。用户在其所处的环境中可以接触到什么？周围的朋友都在使用什么产品？他们对这类产品的反应是怎样的？同类型产品哪一种最受用户喜欢？目前整个市场环境是怎样的？

用户的痛点。利用好用户的痛点可以让你的产品独一无二。用户最不想接触什么？厌烦什么？害怕承担什么类型的风险？在现实与理想之间有什么样的阻碍？什么事情会让他有挫败感？什么是他急需的？

用户的收益。指在整体大环境中用户想要得到的"收益"。用户的愿望是什么？哪些目标是他想要实现的？他是如何界定成功的？为了成功他会采取怎样的举措？通过产品他希望得到什么样的具体的回报？

总结：

移情图的目标是建立一种独特的用户视角，通过对用户的分析我们可以得到比想象更加具体的答案。它可以帮助产品经理更快速、更便捷地理解用户的行为、环境，以及用户所想、所看、所听，正是因为对用户有更加深入的了解，才能够更好地满足用户需求。

第六章

产品经理技能篇——原型

对于产品经理来说原型制作是一个非常有利的工具。原型可以将产品经理脑中的想法、概念更加形象、具体地表现出来，最重要的是还可将其可视化。随着互联网行业的日益壮大，原型已经被广泛应用于产品制作、产品界面设计、产品交互说明等环节。原型设计正在扮演着越来越重要的角色。所以对于产品经理来说，学习绘制原型是极其重要的（见图6-1）。

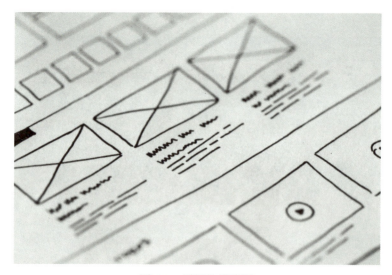

图6-1 原型的线稿图

产品经理对于产品界面的构思、元素的设置、样式的设定、功能的理解是复杂且抽象的"内化"概念，因此如果不将它们清晰地描述出来，他人是很难理解的。要想真正让他人理解，原型就是最好的描述及表达工具，它可以最大限度地让他人吸收并内化。几乎每个产品经理都明白这样一个道理：低保真原型不如高保真原型，但即使是低保真原型也比成千上万字的产品需求文档更加清晰易懂，这同时也从另一个角度论证了可视化思维的重要性。

可视化思维，简而言之就是通过视觉化的形式将思维展现出来。眼睛可以辅助我们进行思考，其效果要比听觉输入更长久、更深刻。上一章我们学习的思维导图就是可视化思维的典型应用。

召开会议时如果仅采用口述的形式，相信很多人会昏昏欲睡，但是如果你配合图形一起讲解，就会生动、有趣。比如举办产品发布会，特别是科技产品发布会，舞台上往往有一个特别大的显示屏，整个发布会要讲解的内容都会显示在显示屏上，而发布会的品质与显示的内容（通常为PPT）有着密不可分的关系。

在产品原型制作过程中，其设计的细节程度、精美程度、准确程度决定了整个产品的品质，所以如果能够画高保真原型就不要为了节约时间画低保真原型，如果能画低保真原型就不要浪费大部分时间来撰写产品需求文档。在第三章，我向大家介绍了写需求文档的步骤，但是我并不鼓励大家采用这种方式，尤其是给内部开发团队看时。一方面开发人员时间有限，另一方面文档带来的误差也很大。因此除非企业需要，否则完全可以利用一套原型来代替整个需求文档，这样省时省力且出现失误的概率也比较小。

第一节　进入 Axure RP 的世界

Axure RP 是我经常使用的原型工具，它是一款功能全面且非常容易上手的软件。虽然是一款简单的软件，但不同的人使用却可以制作出不同等级的原型图。这就如同 Word 软件，有些人使用它进行简单的信息汇总，而有些人却可以创作出一篇文章、一本小说甚至是一本教科书。无论是 Word 文档还是 Axure 原型软件，它们都仅仅是工具，其作用是输出内容，而这个内容的形成则要依靠理念、思想、知识、经验、阅历，甚至是天赋。

Axure RP 软件的前世今生

美国 Axure Software Solution 公司成立于 2002 年，Axure RP 软件就诞生于这家公司。这是一套专门为网站或应用程序设计的快速原型设计工具，当时在美国推广的时候就受到了当地产品体验设计师的欢迎。

Axure Software Solution 公司的两个合伙创始人分别是 Victor 和 Martin。这两个人在当时的环境下，已经意识到迫切需要一款能够准确形象地制作说明产品开发细节的产品，从而使开发人员和产品经理摆脱困扰。于是在 2003 年，Axure RP 软件诞生了，成为第一款被专门用于设计网站、应用程序的原型软件。

运用 Axure RP 画一个高保真原型，可以使视觉和功能实现统一，解决了同样的文档在不同的阅读者脑中有不同的映像的问题。用视觉化的"语言"描述需求文档可以带给企业很大程度上的成功。可以说，Axure RP 软件的诞生解决了产品经理很大的麻烦，同时也解决了开发成员长期以来的困扰。Axure RP 软件也是可视化思维的代表性软件，同思维导图一样，以前可能只能通过文字、线框的形式进行理解并开发，正是因为它的不可预见性，导致很多企业出现了投入了大量成本和精力但却亏损的情况。Axure RP 软件可以制作出一套"效果图"，在金钱和精力投入之前，让相关人员知道网站、应用长什么样子，是否符合老板的期望，开发人员是否觉得有可疑的点，如果都可控制，即可进行成本、人力及时间的投入。使用 Axure 画原型，一方面可以控制资金成本，另一方面可以降低风险。

为什么爱 Axure RP

产品经理爱 Axure RP。我非常不喜欢写需求文档，因为撰写需求文档需要花费 15 ～ 20 个工作日，而且一旦后续有调整的需求，就要对这份文档进行重新梳理，非常麻烦，效率也非常低，而且没有办法做到一目了然地让开发团队理解。Axure RP 帮助产品经理减少了大量的工作，这样让产品经理有了更多的时间处理其他琐碎且重要的事情。

各大企业老板爱 Axure RP，而且是原型保真越高，他们越喜欢。老板往往是起决策性作用的，原型制作的水准越高，老板对于产品的决策就会越清晰。在 Axure RP 出现之前，很多公司存在这样一种情况，老板和诸多产品团队成员并没有透彻地了解产品，就开始投入大量的人力资源、资金资源开展这个项目，但往往做到后面才发现，这个产品根本无法满足目前的需求。其实导致失败的因素不是在开发过程中产生的，而是整个项目在源头就没有把握好。而 Axure RP 就可以解决这样的难题，保真越高的原型越可以还原网站／应用未来的样子，不至于出现决策失误。

设计师爱 Axure RP。不同的设计师对于原型的要求程度不同。如果是一位想法很多、设计风格独特的设计师，那么最好给他低保真原型，因为高保真原型反而会限制他的发挥。不过这类设计师往往是少数群体。他们不仅要懂设计，还要有一些产品的理念，才不至于使设计出来的东西过于天马行空且华而不实。如果是想法不太多、中规中矩的设计师，则高保真原型最适合他们。高保真原型可以大幅度提高他们设计的效率，并且可以保证其设计出来的产品不会走偏了。

程序员爱 Axure RP。产品经理用 Axure RP 除了可以画界面，还可以画工作流程图，更关键的是可以让已经设计出来的界面进行相应的跳转和交互，如果界面无法表达需要的功能点，还可以在界面的旁边进行文字标注。图为主体，文字起辅助作用，这样可以让程序员迅速进入状态，节省了他们大量的时间，同时也避免了程序员和产品经理之间误解的发生。

总结：

2003 年，Axure RP 软件诞生，成为第一款被专门用于设计网站、应用程序的原型软件。需求文档最大的问题就是同样的文档在不同的阅读者脑中有不同的映像，而运用 Axure RP 画一个高保真原型，就可以实现视觉和功能上的统一。Axure RP 原型软件仅仅是工具，它的作用是输出内容，这个内容的形成要依靠产品经理的理念、思想、知识、经验、阅历甚至是天赋。

第二节　手把手教你画原型

Axure RP 是一款容易上手的软件，完全可以自学掌握。初学者想练习绘制界面，可以临摹现有的产品。对微信感兴趣，可以绘制微信的所有界面，并针对不同页面进行相应的跳转和交互；如果对淘宝感兴趣，可以临摹淘宝的所有界面。初学者如果想从 0 开始设计原型，可能会比较困难，为了快速熟悉 Axure RP 软件，最简便的方式就是通过不断的练习，熟练使用 Axure RP 软件的各种功能。学会 Axure RP 软件的基本功能后，再结合自己的思考绘制自己的产品原型。

学习使用 Axure RP

目前我使用的是 Axure RP 8.0，这是最新版本。这一节主要介绍我经常使用的工具和模块，对于其他模块不再做具体说明。有兴趣的读者可以购买一本专门讲述 Axure RP 的工具书。

Axure RP 经常使用的工具区有六大部分，分别是常用工具栏、页面地图、元件库、母版区域、页面绘制面板以及部件工具栏（见图 6-2）。你可以将页面绘制面板理解为"画布"，在画布上面画图，需要各种不同的画笔，有些画笔是专门用来画直线的，有些画笔是专门用来画正方形的，有些画笔是专门用来画圆形的，有些画笔是可以用来导入图片的，而有些则是可以用来写字的。这些不同功能的画笔都来源于元件库。每个画笔都有不同的属性，包括画笔的粗细、画笔的颜色、画笔的使用方法，这类属性位于部件工具栏。如果我们已经绘制好图形的一个部分，那么这个部分会在后续的绘制中经常被使用，为了避免重复画图，我们可以利用母版功能进行快速的"复制"和"粘贴"，操作极其便利。绘制到最后可能有很多个不同的画布，页面地图可以使我们清晰地知道这些画布之间的关联，同时也可以轻松地定位想要的页面，进行"瞬间转移"。

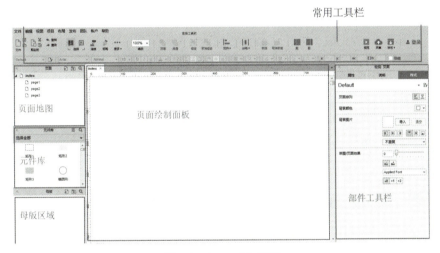

图 6-2　Axure RP 界面

常用工具栏比较复杂，但功能繁多，比如可以进行保存，可以对 Axure RP 进行设置，可以对字号进行修改，可以生成 HTML 文件，可以导出图片，可以预览，等等。接下来将着重介绍常用工具栏、页面地图、元件库、母版区域以及部件工具栏的使用。页面绘制面板比较容易理解，此处不再做具体说明。

元件库

画画最基础的工具就是画纸和笔，在 Axure RP 中，可以将页面绘制面板理解为画纸，将元件库理解成笔。在画画时笔是固定的，用一支笔画出的内容是不确定的。用同一支笔，有的人画得很漂亮，有的人画得不尽如人意。但元件库（见图 6-3）画笔完全不同，元件库中的一个元件不是固定的，你可以编辑它的颜色、粗细、角度及倒角等，接下来就以矩形为例进行说明（见图 6-4）。

图 6-3 元件库

图 6-4 同一个元件，不同的展现形式

首次下载 Axure RP 时，元件库的内容不是很多，但是足以满足普通原型的绘制。如果你觉得现有原型库已经没有办法满足你的需求，还可以载入软件库或者创建元件库（见图 6-5）。

第六章　产品经理技能篇——原型

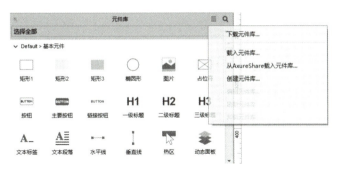

图 6-5　元件库的载入区域

元件库的文件类型是 .rplib，在元件库经常使用载入元件库功能。单击"下载元件库"会直接跳到下载 Axure 元件库官网页面。创建元件库就是创建属于自己的元件库。那些喜欢整理、逻辑思维较强的人，可以通过这种方式来创建自己的元件库。而"载入元件库"就是从众多渠道中找到自己想要的原型库，下载到自己的电脑后，就可以直接载入，方便、快捷且不会浪费时间。

我载入的元件库是一套 Icons，绘制界面非常有用，而且可以对元件进行颜色、粗细、形态以及透明度的编辑，使界面不单调乏味（见图 6-6）。

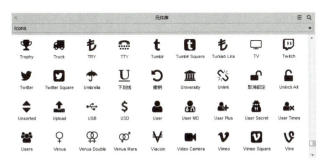

图 6-6　载入的一套元件库

149

部件工具栏

在部件工具栏中,产品经理经常使用"样式"和"属性"(见图 6-7)。在上一节元件库的说明中,我们提到可以对元件库中的元件进行自定义编辑,这个编辑操作就是通过部件工具栏中的样式模块来实现的。通过这一模块可以改变元件在"画布"中的位置,改变元件或文本的角度,改变元件的填充色(见图 6-8),给元件添加阴影,改变边框的粗细或形式,改变线框的颜色,设置元件的不透明度,设置字体的大小、样式、粗细、颜色等。颜色有多种选择性,不仅可以设置不同的颜色,还可以设置填充的类型——单色填充或渐变色填充,这里还会罗列出近期使用过的颜色,极其方便。

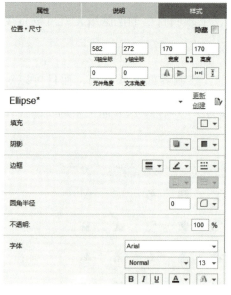

图 6-7　部件工具栏

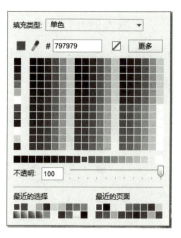

图 6-8　颜色选择

Axure RP 另外一个强大的功能就是可以对所设计的界面进行简单

的交互和跳转，这个编辑的操作是通过部件工具栏中的"属性"模块来实现的（见图 6-9）。这是程序员最喜爱的功能。文字说明有很多是无法达到 100% 共识的，这种直接通过视觉形式进行的说明，往往比几百字的描述更加形象、更加鲜活，产生误差的概率也非常小。

图 6-9　Axure 玩转跳转

对于交互跳转方面的设置，建议大家在画完所有界面原型之后进行，这样就不会有遗漏。图 6-9 所示为简单的页面跳转，可以看到跳转的方式一共有三种，分别是鼠标单击时、鼠标移入时、鼠标移出时。选择其中任何一种，都会弹出包括目前所有界面的页面地图，选中页面就可以直接进行跳转了。注意，这部分的设置仅针对单个元件。除了在部件工具栏的"样式"中设置，交互样式也可以在这里设置（见图 6-10）。

图 6-10　Axure 玩转交互

举一个简单的例子，我对一个普通的圆形进行交互样式设置，想要的效果是当鼠标悬停在圆上时，此圆形会被填充为红色，且边框没有线。图 6-11 的左图就是我要进行交互设置的普通原型，右图是当鼠标悬停在圆上时的效果。它们两个是同一个元件，只不过是两种不同的状态，一种是鼠标未悬停时的状态，一种是鼠标悬停时的状态。

图 6-11　简单举例交互效果

人与人之间存在着交流互动，人与机器之间同样存在着交流互动，通常我们将其称为"交互"。人与人之间的交流是双向、动向、实时的，人与机器的交互也要具备这样的特质。交互的目的是使我们设计出来的产品可以与用户进行流畅的"对话"。目前，交互正在被越来越多的企业所重视。交互是一种细节，在整个大的竞争环境中，要想让自己的产品脱颖而出，就要在细节上下功夫。

母版区域

在 Word 中对一大段文字进行复制粘贴是极其简单的，只要选中需要的内容，单击鼠标右键，选择"复制"命令，然后在想要粘贴的区域单击鼠标右键，在弹出的快捷菜单中选择"粘贴"命令，即可轻松实现文字的复制粘贴。但是 Axure RP 的输出对象并非文字，而是由不同元件组成的图形，为了方便在 Axure RP 软件中进行复制粘贴，便有了母版，母版可以理解为一个"复制＋粘贴"的集合体（见图 6-12）。

图 6-12　母版区域

在多种页面绘制中，经常会遇到一个图形使用多次的情况，图 6-12 中的手机边框，如果没有母版功能，我们每次用到这个图形，都要重新绘制，这是非常浪费时间的。母版的存在就是为了节省重复绘制的时间。母版的使用也非常简单，只要选中想要复制的元件组合/图形，单击鼠标右键，就可以将其转换为母版（见图 6-13）。

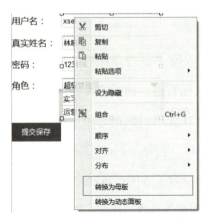

图 6-13　转换为母版

此外，Axure RP 没有对母版的数量进行限制，而且可以对其进行重命名。这极大地方便了产品经理的使用。

页面地图

在阅读一本书特别是教材类书籍的时候，第一件事可能就是看书籍的目录，找到自己想要了解的内容后，可以直接翻到那个部分进行学习。书籍的目录对于广大读者具有指引的作用。页面地图的存在就相当于书籍的目录，在逻辑上页面地图极大地帮助了制作者和阅读者。通过页面地图，使用者一方面可以清晰快速地了解界面之间的逻辑结构，另一方面也可以快速地找到自己想要寻找的界面进行绘制（见图 6-14）。

在页面地图中，白色图标代表一个个的界面，其上级图标代表文件夹。设置文件夹是为了方便管理所有的界面，这个文件夹和日常生活中在电脑上使用的文件夹如出一辙。如果想新建一个页面或者一个文件夹，也是在这个区域进行。在需要添加页面或文件夹的位置单击鼠标右键，在弹出的快捷菜单中选择"添加"命令即可。添加的形式有上方添加、下方添加及子页面（见图 6-15）。

图 6-14　页面地图　　　　　图 6-15　"添加"页面

常用工具栏

无论使用 Word、PPT、Excel 还是其他常用软件，都会有一个常用工具栏，位置大多在软件界面的顶部。Axure RP 的常用工具栏（见图 6-16）也在软件界面的顶部，功能键的布局与我们常规使用的软件相同，所以对于 Axure RP 软件新手而言，这个部分可以轻松地掌握。接下来重点讲解大家可能不太熟悉的一些功能键。

图 6-16　常用工具栏

如图 6-17 所示，工具栏中这部分的操作和鼠标有关。我们从左向右看。前面两个图标表示鼠标在拖拉区域中所选择的模式。第一个图标表示只要鼠标拖拉到元件的一部分，那么整个元件都会被选中；第二个图标表示鼠标必须将元件整个拖拉在内，整个元件才会被选中，如果仅仅拖拉元件的一部分，元件是不会被选中的。

图 6-17　与鼠标操作有关的功能键

第三个图标是在做界面说明或者进行逻辑说明时所使用的工具，图 6-18 中的箭头就是通过这个功能绘制出来的。这个功能键可以帮助产品经理对界面进行文字备注说明。

图 6-18　"连线"功能

使用过 Photoshop 的人都知道，图形的绘制是通过将很多图层叠加起来实现的，通过 Axure RP 软件绘制出来的图形中的各个元件也是有层级关系的。图 6-19 所示的两个功能键即可用于控制元件所在的层级。如果有多个元件叠加在一起，必然会出现有的元件在上，有的元件在下的情况，通过这个功能可以轻松对元件进行所在层面的设置。

图 6-19　处理图层叠加问题的功能键

我们在选定元件时，经常会拖拉到旁边的元件，而这个元件并不是我们想要选中的，那么这个时候，就可以对这个元件进行相应的锁定。只要这个元件被锁定（见图 6-20），它的位置、颜色、状态就会保持不会跟着操作被动改变，更不会出现被选定的情况。

图 6-20 "锁定"按钮

如果要看一份 Word 文档，我们的电脑中必须有 Word 软件；如果要看 Photoshop 源文件，电脑中就要安装 Photoshop 软件。但是如果要看 Axure RP 原型文件，使用者完全不需要耗费流量和时间下载 Axure RP 软件。这是 Axure RP 最便捷的地方。原型使用者完全不需要懂得 Axure RP 的用法，只要他们有一个浏览器就可以随时随地进行查看，这是因为 Axure RP 软件有生成 HTML 文件的功能（见图 6-21）。

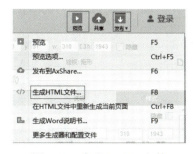

图 6-21 生成 HTML 文件

图 6-21 中的"预览"功能只有画图者才能查看，单击"预览"按钮后，Axure RP 会自动打开浏览器，将所画原型转换为 HTML 文件进行查看，但是预览的这个功能无法长期被保存，更无法转给他人

查看，只能作为画图者自检的一个工具。而"发布"功能可以真正将原型文档转换成 HTML 文件，选择"生成 HTML 文件"，系统会自动生成文件夹。只要画图者将此文件夹转发给需要查看的人，他们就可以随时随地进行永久性的查看。

生成相应的文件夹后，在文件夹中找到名为 index.html 的文件（见图 6-22），右键选择打开方式为 IE 浏览器（其他类型的浏览器也可以），就可以进行相应的查看了。这个文件夹可以一直保存在电脑中。

图 6-22　选择要打开的文件

图 6-23 为用 IE 浏览器打开 index.html 文件的效果图。原型文件除了可以保存为 HTML 文件，还可以保存为图片形式。

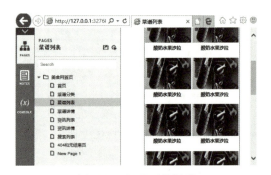

图 6-23　打开后的样式

具体操作在常用工具栏（见图 6-24），"文件"中有两个功能，分别是"导出当前页为图片"和"导出所有页面为图片"。

图 6-24　Axure RP 导航条

上面说到的关于部分 Axure RP 工具的使用，最好进行实际操作。原型绘制需要长期实践。产品经理在不同阶段所绘制的原型会有些许差异，一方面是由于自身成长了，另一方面是因为对 Axure RP 软件越来越熟悉。

总结：

Axure RP 是一个非常全面且强大的软件。它解决了产品经理长期以来撰写文档的烦恼，改善了程序员为了阅读文档而浪费大量时间的情况，降低了误解发生的概率，让设计师的想象与产品更加吻合。可以说，它的诞生为互联网企业的发展提供了强大的助力。

第三节　原型图的三大种类

我将原型图分为三大类，分别是手绘式原型图、线框式原型图以及高保真原型图。常说的低保真原型图其实大都是线框式原型图。这三类原型图各有各的优点，也各有各的缺点，但是对于现阶段的互联网形式，高保真原型图是最受开发人员和老板青睐的。

为了让大家能够清晰地理解3种不同类型的原型图，我特意绘制了这个页面（见图6-25）。它们都是同一个页面，只是绘制的方式不同。从左到右，第一幅图是手绘式原型图，第二幅图是线框式原型图，第三幅图是高保真原型图。这3种类型的原型图可以理解为原型图演化的3个阶段。手绘式原型图延续了人们用手在纸上绘制原型图的效果，而线框式原型图则是手绘式原型图的升级版，高保真原型图又是线框式原型图的升级版。其中，高保真原型图的诞生让产品经理脑中的构思变得更加真实。

手绘式原型图其实就是打的草稿，Axure RP可以将横平竖直的线变得歪歪扭扭，营造出手绘的效果。在没有Axure RP软件的时候，产品经理为了描述页面的概貌，会在纸上将自己对于界面的想法描绘出来，呈现出一种不太规整的效果，这种效果被Axure RP沿用下来，就形成了现在的手绘式原型图。就像目前虽然东西越来越先进，越来越精美，但还是有很多人喜欢陈旧古老的事物一样，这种比较原生态的原型图虽然不受大部分人的欢迎，但是仍然具有它的价值。如果你面对的是一个喜欢原生态感觉的客户，那么采用手绘式原型图就会非常合适。这种原型图绘制起来不浪费时间，修改起来也非常方便，非常适合给喜欢怀旧风格的客户看，但是不适合给开发团队看，因为手绘式原型图没有办法让团队内部成员清晰地了解产品的功能架构（见图 6–26）。

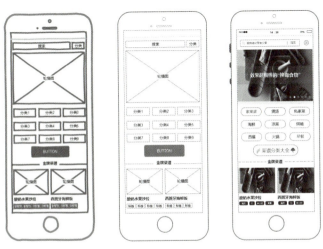

图 6-25　3 种不同类型的原型图

线框式原型图（见图 6–27）也就是大家经常说的低保真原型图，这种原型图绘制起来时间周期很短，也无须找那么多的资源图片和精致的图标，只需要通过简单的线框进行表达即可。利用 Axure RP 中现有的部件就可以绘制这一简单的低保真原型图，而且它也可以进行简单的交互跳转说明，所以被产品经理广泛使用。对于产品团队，低保真原型图可以保证快速调整，省时又省力。但是其缺点也是很明显的，它没有办法呈现出形象的效果，也没办法预演出产品未来的模样。

另外，正是因为其设计的高效性，导致界面细节部分说明不够清楚，因此会给产品经理在对外沟通时造成一定的麻烦。

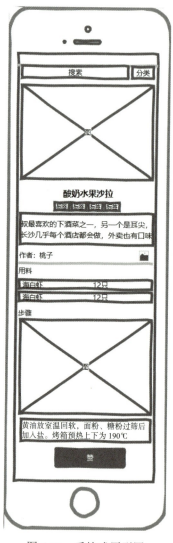

图 6-26　手绘式原型图

图 6-27　线框式原型图

对于产品新手，建议从低保真原型图入手，高保真原型图是在低保真原型图的基础上创建起来的。

高保真原型图是目前互联网领域最受推崇的类型。高保真原型图在线框式原型图的基础上增加了大量的资源素材，所以在制作高保真原型图的过程中，产品经理往往会花费大量的时间寻找合适的素材，这导致高保真原型图有制作周期较长且修改烦琐的特点。而且对于有设计理念的设计师，高保真原型图会干扰设计师的设计思路（见图6-28）。

图6-28　高保真原型图

"一千个人眼中有一千个哈姆雷特",所以每个人对需求的理解不尽相同。高保真原型图除了追求页面细节、页面美观,还具有更深层的意义。它是产品团队成员实现高效沟通的工具,也是获取前期用户反馈数据的重要手段。另外,高保真原型图让"想象"中的产品真正地做到"眼见为实",用它可以去验证产品的市场,获取最早期的市场信息,在这一点上,它是产品的试金石。为了节约时间成本,可以绘制低保真原型图,但是很可能会造成产品未来的隐患;如果绘制高保真原型图,那么在制作产品原型图的时候,问题或隐患往往会被提早发现,从而在开发之前就将其解决。

总结:

不论绘制的是手绘式原型图、线框式原型图还是高保真原型图,原型图绘制的最终目的都是让使用者明白产品经理的想法,而使用者是不同层次、不同领域的人士,包括领导层、项目经理、开发程序员、UI设计师、产品运营人员、测试人员、商务人员等。所以我建议在产品设计初期利用手绘式原型图进行小范围内部讨论,在整体框架已经定下来的情况下设计高保真原型图,毕竟原型图使用者众多,并且都是不同职能、不同领域的人员,最终版原型图的设计还是要越细越好,这样产品经理才能真正把控产品的未来走向。

第四节 产品经理原型图设计案例

工作至今,我接触到的互联网产品的类型包括 App、H5 页面、Web 端网站、移动端网站、微信端应用等。接下来希望通过我所做的四种产品的原型图,大家能更加深入地学习 Axure RP,透彻地理解原型图。目前,我们随处可见各种 App、H5 页面、Web 端网站和移动端网站。大一点的企业,如爱奇艺会同时涉猎这几个领域。

业外人士认为:反正都是一个产品,4 个应用共用一套原型图就可以了。其实这是完全错误的想法。这 4 个领域的不同机制导致了它们的原型图无法共用,可以共用的内容是后台管理系统、视频资源和整体风格的设定。至于 UI 设计,有些是可以重复利用的,但是有些因为尺寸的问题无法重复利用。大部分情况下,除一些图标可以借鉴外,UI 需要重新设计。接下来就进入我的产品世界。

我的 App

App 是我从事互联网产品经理这一职位后制作的第一款产品,也是属于"自导自演"、从 0 到 1 设计出来的产品。那时候设计的原型图还属于线框图(见图 6-29)。

这是一款视频 App。我习惯于在原型图上直接进行标注,这样开发人员可以一目了然。

线框图绘制起来非常方便,而且可以节省产品经理大量时间,缺点就是没办法将细节展现得十分清楚（见图 6-30）。

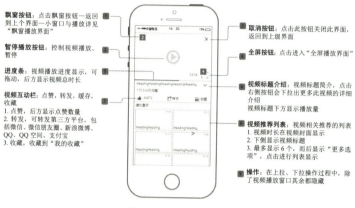

图 6-29　App 原型

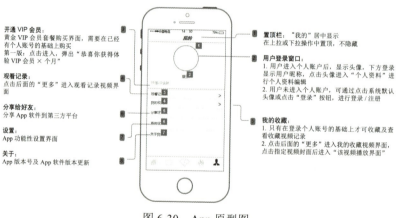

图 6-30　App 原型图

我的 Web 端网站

Web 端网站与手机本应用最大的不同就是，Web 端网页很宽，这就导致了在设计 Web 端网页的时候，不仅要考虑上下结构，更要考虑左右结构，还要考虑整个页面要怎样设置才能达到既简洁又能包括全部重点内容的效果。也正是因为页面比较宽，导致用户在使用的时候侧重点太多，所以还要考虑用户的使用习惯，要将重点功能、重点内容放在最醒目的位置，并且要合理利用所有可以利用的空间，不能浪费。

图 6-31 所示的这两个 Web 端网站都属于招聘网站，因为版权问题有些内容已被我遮盖或删减，但是从整体布局上，大家应该已经知道，这时的绘制风格已经越来越趋向于高保真方向。

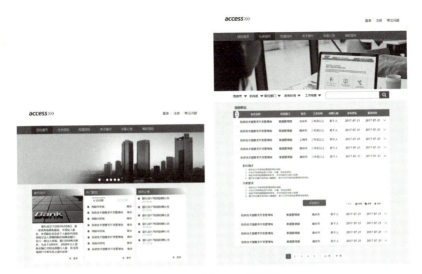

图 6-31　两个 Web 端网站

我的移动端网站

移动端网站和 App 有点相似，却又不同。移动端网站通常都是与 Web 端网站配套的。Web 端网站适用于用户在计算机上查看，显示器的比例导致了 Web 端网页要很宽很大；移动端网站适用于用户在手机上查看，因为手机是窄屏的，所以移动端网页又窄又长。也就是说，一般情况下，两个网站上的内容资源是共享的，甚至两者的后台都可以是一个。Web 端网站和移动端网站最显著的区别就是两者界面完全不同。除风格可以沿用外，基本上移动端网站的界面全部需要重新设计。下面给出一个美食网站的移动端界面（见图 6-32）。

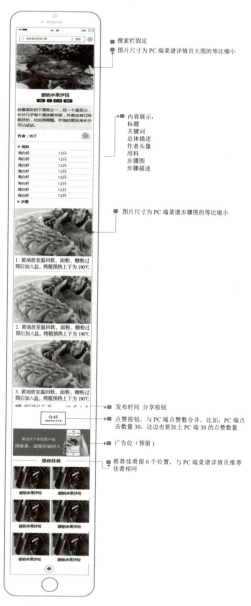

图 6-32 一个美食网站的移动端界面

我的 H5

H5 页面和移动端网站有些类似,都是由 HTML 类型的网页组成的。两者的区别是 H5 可以有更多的限制,这个限制来源于微信内部对于 H5 的定义,比如 H5 页面的顶部是固定的内容,但安卓和 iOS 系统的顶部设定是不同的(见图 6-33)。

图 6-33　H5 页面和移动端网站的顶部对比

再好的产品也需要恰当的渠道进行传播,以便让用户发现,移动设备的普及使得越来越多的企业更加重视移动端产品的开发和设计。H5 页面可以轻松实现传播的效果,还可以与新闻、视频客户端,微信,微博一起触达用户,再通过用户的分享形成二次传播。

对 H5 界面略懂的人,都会知道 H5 界面的交互效果精美,风格多样,其新鲜的交互设计以及强烈的社交属性会使用户产生强烈的分享欲望,很容易在移动社交环境中形成病毒式传播。曾经风靡一时的微信红包就是通过微信朋友圈获得广泛传播的 H5 案例。通俗来讲,H5

界面就是利用 H5 技术将图片、文字、视频、动画、音频等多样的媒体形式进行多样化组合，与传统的原生应用相比，其具有更人性化的交互设计，强化了用户的使用参与感。

H5 界面的传播性、灵活性、多样性、多维度使其更加符合媒体产品对时效性、差异性、传播性的使用需求。H5 俨然已经成为移动产品最重要的形态之一，是从大屏走向小屏具有代表性的一步。

图 6-34 中的两张图都是 H5 页面。这是一个和交易有关的应用。App、Web 端网站、移动端网站以及 H5 页面虽然是不同类型的互联网产品，但是它们的核心是一样的。一个只做过 App 的产品经理可能会将自己定位为一名 App 产品经理，但其实很多互联网应用都是可以通用的，也就是说，对于产品经理而言，最重要的是要有产品思维、有自己的做事方法以及自我思考产品的路径。产品经理本身就可以做不同类型的产品，千万不要把自己框在一个领域，给自己设限，这对于产品经理是极其危险的。

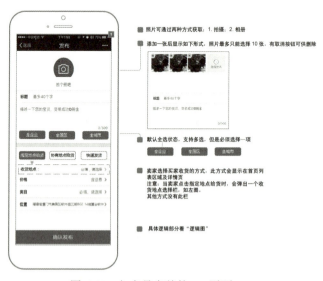

图 6-34　与交易有关的 H5 页面

我的后台管理系统

在很多互联网企业中,产品经理也是有方向之分的,通常会被分为两种类型,分别是前端产品经理与后端产品经理。前端产品经理注重的是产品界面、用户体验、交互设计等比较直观的内容;后端产品经理更关注逻辑性与功能性的有效组织,通常绘制后台管理系统的模型。通常,前端产品经理需要具备一定的审美、设计以及交互方面的能力,而后端产品经理则更具有清晰的逻辑思考能力和数据搭建能力。

图 6-35 所示就是我为一个应用后台管理系统绘制的一个页面地图,后台的整体页面数量比前台数量多得多,但是在设计上却没有前端界面复杂,因为后台管理系统实际上是由一个个"表格"组成的,所以在界面设计上没有那么多的考量。后台管理系统的设计难点在于要拥有全局的把控能力,一旦后台设计出现遗漏,就会影响前端的视觉展现,或者影响后续运营团队的使用。所以设计后台管理系统原型图既简单又复杂,简单在于页面设计相对简单,复杂在于对逻辑框架层面的梳理。下面再展示一张我绘制的后台界面供大家参考(见图 6-36)。

在后台管理系统的原型图设计上,我会采用这种比较简单的风格,相对于前端界面,后台管理系统给人完全不同的感觉。后台管理系统通常是给内部员工使用的,对此我个人觉得实用性以及清晰程度比美观性更加重要,外观对后台管理系统的影响不大。通常一个后台管理系统好不好用,是由后台产品经理决定的,因为后台开发人员只是实现产品经理所设计的功能,整体的框架还是由产品经理规定的。在框架处理上，一定要做到简洁清晰，让使用者不需要耗费大量的时间适应。

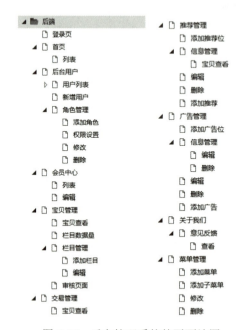

图 6-35　后台管理系统的页面地图

图 6-36　后台界面

图 6-37 所示也是一个比较经典的后台管理系统的权限设置页面。不同的后台使用者所能查看到或者能够操作的内容并不完全相同,这就保证了整个后台管理系统的秩序性和应用的安全性。

图 6-37 后台管理系统的权限设置页面

后台管理系统除了有查看功能,还有输入的功能。如果是一个自运营的产品,通常内容都是运营人员自己发布的,如新闻网站、娱乐网站、时尚网站、美食网站等。后台就是一个重要的输出通道。如果产品是一个用户生产内容的应用,那么后台管理系统就不会存在这样的一个发布内容的通道。虽然可以将后台管理系统理解为是由一堆"表格"组成的(见图 6-38),但是具体后台管理系统要具备怎样的框架、功能,最终还是要根据前端产品来定义。只有围绕前端产品设计出来的后台管理系统才会是稳定可靠的。

图 6-38 "新增用户"页面

总结：

我希望通过自己的产品原型案例给大家带来一些绘制原型的灵感，或者绘制原型的思路。Axure RP 只是一个工具，除了熟练操作，我们更要提升自己各方面的能力，因为 Axure RP 仅仅是一个将脑中的想法、构思以及我们自身对于产品的理解进行可视化的工具。希望每一个人都可以找到最适合自己的画原型的方式，而不是一味复制别人的东西。只有自己创造出来的内容才能成为自己的品牌，所以对于产品经理来说，他的原型就是他的品牌。

第七章

产品经理提高篇——团队

如果将产品经理理解为"大脑",那么团队就相当于产品经理的手脚,没有手脚的全力配合,产品经理再聪明、再有逻辑,对于产品再有想法,也只能是天方夜谭,只有"手脚"真正做出事情来,才能让产品落到实地。

在整个产品的生命周期中,产品经理大概会用10%的工作时间构思框架、进行产品原型设计等前期梳理工作,剩下的90%的工作时间都在统筹和管理整个团队。所以一个产品经理除了要具备基本的产品理论技能,还要具备管理方面的才能,一个不会管理、不会沟通的产品经理是没办法在众多产品经理中脱颖而出的。产品经理要想真正做到出类拔萃,就要做一个"通才"。

传统的管理方式是自上而下的,通过指令和控制的模式进行管理,而产品经理的管理与这种模式完全不同。首先,产品经理与其团队成员是两个完全独立的个体,不存在上下级的关系;其次,指令和控制的管理模式在产品经理的管理环境中无法开展,因为产品经理并不是其团队成员的上级,所以无法通过指挥的方式让他人听从安排。这就是产品经理带领团队最困难的地方——没有人事行使的权力却还要管理整个团队。产品经理如果想让成员听从他的指挥和安排,就需要具备强大的气场和卓越的领导力。

每个人都具有一定的气场,且气场具有可塑性,通过后天的学习和练习,可以得到增强。产品经理所需要的气场,是一种通过强大的自信、高度的积极性以及能凝聚人心的人格魅力,带给团队有益的凝聚力、吸引力和影响力。强大的气场会让我们享受到人生的幸福与成功,让我们散发魅力,使我们在工作中如鱼得水。因此对于产品经理这一职位来说,气场应该是必备的。

第七章 产品经理提高篇——团队

第一节 产品经理并不是"经理"

有些人想当产品经理，完全是奔着"经理"两个字去的。实际上产品经理仅有经理的头衔，却没有经理的实权，还要做经理应该做的事情——统筹和管理整个产品团队。

产品经理不能管人

作为产品经理，你没有团队的直接人事权，这也就意味着你要在没有任何权力的情况下领导你的团队，你只能用你的愿景和想法影响他们。相比于产品经理，有资深经验的工程师更受人尊敬，所以如果你在工程师面前摆架子，对身边的人颐指气使，那么你会发现很难把事情做成，而且你自己的存在感也会渐渐消失，毕竟真正将产品做出来的是研发工程师。在与产品团队成员共事的过程中，你需要发挥个人魅力，用自己的人格、品德、理念征服他们，而不是用强硬的姿态强迫他们认同。如果一个产品经理不被产品团队成员认可，那么这个人不管多有天赋，都注定无法成为一名优秀的产品经理。

如果你还认为，只要当上产品经理，就可以拥有绝对话语权，可以呼风唤雨，可以居高临下的话，那么千万不要踏上产品经理这条路，因为这个想法是对这个职位的最大误解。

作为产品经理，要明确知道自己的定位，真正认识到自己在团队中是无法管人的，所能做的是利用自己强大的气场影响他们，利用良好的品格凝聚他们。最好的管理往往不是通过自上而下的组织形成的被动式管理。产品经理的管理是主动的，团队中每个人都有话语权，每个人都有提建议的权利，最终由产品经理根据其对产品的掌控进行决断。一个好的产品团队，团队成员之间相互尊重、相互依存，并且拥有大家一起把产品做好的愿景。

产品经理不能调动人

小 A 是一个产品团队中的产品经理，在管理团队的过程中，小 B 经常不认同小 A 的看法，总是和小 A 争吵，认为自己是对的，而小 A 是一个特别固执的人，对于小 B 的观点通常不予理睬，这就导致小 A 和小 B 之间的嫌隙越来越深。而在另一个产品团队中，小 C 是小 A 的好朋友，而且小 C 和小 B 的职责是相同的，都是程序员。这个时候小 A 想把小 B 和小 C 调换一下，于是他向上级领导请示。谁知请示后领导非但没有同意小 A 的请求，反而对小 A 的能力产生了怀疑。

领导对小 A 的质疑是完全合理的。当小 A 和小 B 的合作出现问题的时候，小 A 首先想到的不是沟通，不是解决问题，而是躲避小 B，甚至想进行人事调动，这是背离了产品经理职能的行为。团队成员之间出现问题，产品经理需要负责解决。产品经理要具备解决问题的能力，而不是去制造问题。

产品经理是无法调动人的。这就需要产品经理具备一定的观察人的能力，每个人都具有优点和缺点，人无完人，所以在工作过程中产品经理要懂得如何利用团队成员的优点，以及如何避开团队成员的缺点。

总结：

产品经理没有团队的直接人事权，无法管人也无法调动人，在工作过程中产品经理无法利用自上而下的指挥方式进行管理。产品经理需要利用自身强大的气场影响他们，利用良好的品格凝聚他们，懂得如何利用他们的优点，如何避开他们的缺点。一个好的产品团队，团队成员之间相互尊重、相互依存，并且拥有大家一起把产品做好的愿景。

第二节 产品经理与项目经理的区别

经常会有人将产品经理与项目经理混为一谈，认为产品经理就是项目经理，项目经理也就是产品经理。这个观点是非常错误的。首先，产品经理与项目经理是两种完全不同的职业。其次，两者未来的发展方向也是不同的。从字面上理解，产品经理只对产品负责，项目经理则对项目负责，两者的相同点是都具有管理的属性，只是管理的对象不同。

产品经理和项目经理有哪些不同点

从时间上来区分，产品经理负责的是一个产品的整个生命周期，包括从它孕育、出生、上线、维护到衰落的整个过程，而项目经理负责的是一个项目的生命周期，包括从立项、实施到结束的全过程。产品的生命周期跨度是非常长的，正常情况下基本都是按年来计算的；而项目的生命周期比较短，通常是按月来计算的。

从团队成员的构成来看，产品团队是由多个部门的多个岗位的员工组成的混合型团队，通常包括程序员、设计师、运营、测试、运维、商务、市场、营销等与产品相关的人员。产品团队的复杂程度要比项目团队高很多，人员的种类也相对更多，这也要求产品经理懂更多不同领域的知识。

从工作内容上看，产品经理的工作内容非常广，从前期的调研、竞品分析、原型设计，到后期的产品开发、上线、维护、迭代整个过程中，产品经理的工作内容都是不尽相同的，不同时期有不同的工作内容。而对于项目经理，工作内容没有产品经理那么复杂，通常项目经理的工作内容是把控项目整体的开发进度，保证内容的准时发布，防止出现延期现象。

从维度上来看，产品本身是由无数的项目组成的，而众多的项目通常都是为产品服务，所以产品相对于项目具有更高的维度。项目是产品存在的基础，产品是项目存在的依据。所以产品经理要掌管的维度会比项目经理多一些。

从替代性上来看，在一些初创企业中，有些产品经理也充当着项目经理的角色，这是合理的，因为项目经理做的事情产品经理多少都会有所涉及，所以产品经理在工作内容可控的情况下，可以充当项目经理的角色。然而项目经理是无法充当产品经理这一角色的，因为产品经理的工作内容很多都是项目经理未涉及的。

从工作侧重点划分上来看，产品经理重在策划，而项目经理重在执行。产品经理是要想方设法做正确的事情，设计出符合市场需求的产品，而项目经理则是要一步一步地带领团队在时间、资源可控的范围内将产品经理规划出来的"事情"做好。

产品经理和项目经理有哪些相同点

产品经理与项目经理有两个相同点，分别是"经理"和"沟通"。首先，两者都有经理的称号，却没有经理的实权，还要做经理的事情。

其次，无论是产品经理还是项目经理，都需要具备高超的沟通技巧，因为这两个角色最重要的工作内容都是和人打交道，所以如何与他人沟通就显得至关重要。沟通也是需要不断去学习的，想和别人很好地沟通不是一件容易的事情，想通过沟通解决问题更不是一件简单的事情。通常，产品经理与项目经理只有具备一定的口才、一定的情商，才能解决问题。

总结：

  项目是产品存在的基础，产品是项目存在的依据。产品经理与项目经理相同的地方在于，双方对沟通能力的要求都很高，不同的地方不胜枚举。产品经理随着产品一同成长。产品的成长更迭伴随着无数项目的产生，需要项目经理这样的角色来对众多的项目进行把控，帮助企业实现价值最大化、成本最小化。

第三节　产品经理应该具备领导力

领导力不仅仅是领导者应该具备的能力，其实每个人在某些特定的场合下都可以成为领导者。通常，有人会问："什么是领导力？"领导力的核心是通过他人取得有益的成果。这就要求我们在领导他人的时候，首先要不断想办法增加他人对于事件成果的贡献，其次要不断提升自己的能力。领导力所面临的挑战是如何持久、有效甚至高效地提高团队的效率。

"产品经理是未来的 CEO，产品经理这个岗位是成为 CEO 最好的学前班。"我在网上经常看到这样的观点，这样的观点既然广为流传，就有其存在的理由。首先，CEO 需要具有强大的气场和领导力，而产品经理这个岗位正是不断强化这两种能力的学前班。

领导者要让成员清晰地明白自己要做什么，什么时间做，以及做的意义是什么。这些内容的形成，能够帮助团队成员自觉自发地努力工作，即使面临巨大的挑战，团队成员也会形成一股合力，共同面对困难。产品经理虽然不是领导者，但是在产品团队中要以领导者的姿态示人，因为产品经理是一个可以掌握产品"生杀大权"的人，想带领团队创造出成功的产品，就要具备强大的领导力。对于那些天生自带气场和领导力的人来说，产品经理是很适合他们发展的一个岗位。

著名管理学家李雪柏曾将领导力设定为4个不同的维度：培养维度、包容维度、展望维度和指导维度（见图7-1）。

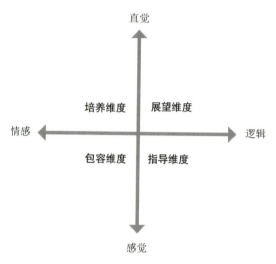

图7-1　领导力四维度

培养维度关注对美好世界的憧憬以及对他人的深切关怀，这一维度体现的是被感激的需要，以及寻找利益共同点的需要。具有领导力的人通常是有伯乐视角的人，知道如何审视人才以及如何利用他们的才干。

包容维度关注与他人交往过程中收获的情感体验，这一维度体现的是对包容的深切渴望。通常在一个高效运转的团队中，所有成员都会努力包容他人，给予他人极大的尊重，从而满足每个人被倾听的需要。具有卓越领导力的人除了要具备强大的气场和自信，还要尊重他人、倾听他人以及包容他人。一个团队是不可能没有摩擦产生的，即使团队关系十分融洽，在工作中也会出现一些摩擦。一旦出现摩擦，成员是否拥有一颗包容的心就非常重要了。

展望维度关注思考未来的可能性。具有领导力的人要懂得承认现实中存在的困难，在此基础上展望未来，只有这样才能创造出大家想要的产品。

指导维度关注执行层面的内容，包括组织和领导他人。产品经理要懂得如何激励他人成长、如何组织他人参与活动、如何带动他人积极工作。只有具备指导维度，产品经理才能够带领一个团队做出好的产品。

产品经理要想培养自己的领导力，就要从这 4 个层面入手。产品经理要经常表达感激、赞许、支持、关爱团队成员，和团队成员一起成长。要与其他成员一起交流，倾听他们对于事情的看法，尊重每个人，遵守所有的约定，包容他人的不足。要告诉团队成员他们所做工作的重要性以及自己对产品未来的展望，让他们对自己所做的产品充满信心。善于挖掘成员的潜力，发现他们的优势，厘清每个人的角色、职责和责任。

总结：

作为产品经理，虽然你不是一个领导者，但是在产品团队中你要具备一个领导者的姿态，因为你是掌握产品"生死权"的人。想成功带领团队成员创造出产品，你需要具备强大的领导力，尽可能帮助团队中的每一个人，和各领域的成员分享信息，让他们知道前进的方向。

第四节 产品团队成员的职能及产品经理如何处理好与各成员间的关系

如果一个管理者事必躬亲，那么这个人就会变成工作的"囚徒"。凭借个人才能成就一切的时代已经过去了，现在是各个不同领域的专家携手成就大业的时代。产品经理不论个人能力多突出，都不可能在所有领域出类拔萃。产品经理如何弥补自己在不同领域的不足呢？答案很简单，就是把各领域的工作交给专业人士去做。

产品经理要具备发现"每个人擅长做什么事"的眼光，要有发现每个人优势的能力，要尽量让每个人都能发挥才能。产品经理需要展现强健的、主动的风格。要像管理企业那样管理自己的产品团队，建立切实有效的跨部门、跨职能的团队。

让他人发挥优势，不是因为自己的能力不足，这恰恰是产品经理的实力所在。

产品经理和各职能人员互动最频繁的阶段大概就是产品开发阶段。设计师需要设计出顾客心中满意的界面；研发部门要评估技术的可行性，还要真正地将功能点落实；测试部门需要保证产品的可行性；运营部门则要为产品上线后的发展负责。而产品经理则需要在企业资源、企业成本、用户需求中寻找最佳的平衡点，以确保产品开发进程有序开展。

个性十足的设计师

从事设计师职业的人通常都个性十足,有创造力,有想象力。设计师讲究界面的美感,关注主色调、辅色调、整体风格、图标、布局等与视觉有关的内容。

设计师的想象力天马行空,如果没有产品经理的把控,往往会出现设计内容与产品定位不符的情况。美观并不是评价界面好坏的唯一标准。一个工具类的应用如果界面设计得非常浮夸,可能会产生画蛇添足的后果,适得其反。

在与设计师沟通时,要将产品的设计目标、设计定位、主题风格表述清楚,然后给设计师充足的空间,让他去发挥自己的才能。

对设计师限制太死,会使他设计出的界面中规中矩;而过于放纵他,又会出现设计偏离主题的现象,所以产品经理需要知道这个度在哪里。针对不同的设计师,这个度是不同的。如果是一位有基础产品思维的设计师,产品经理可以给他留出一个自由的设计空间;如果是一位普通设计师,产品经理就要尽量绘制高保真原型图,让设计师在这样的限定上施展才能。

另外,产品经理一定要记住不要越俎代庖,要尊重设计师的设计理念,还要恰当地控制他们的设计思路。

产品经理培养自己的审美能力,多看一些与设计有关的内容,不断提升自己的品位。

低沉稳重的程序员

在很多企业中,程序员与产品经理经常发生矛盾,两者似乎是宿敌。究其原因在于：程序员与他人沟通较少，即使心里有意见也不会及时表达，直到忍不住了才发泄出来；产品经理不珍惜程序员的劳动成果，产品需求经常说改就改，这是产品经理不懂技术导致的，往往在他们眼中看似很简单的事情，在程序员那里却要花费大量的时间；产品经理和程序员的思维完全不同，产品经理是一个八面玲珑的人，而程序员通常是逻辑思维比较强的专才，两类人缺少共同语言，解决问题的思路也不同；等等。

产品经理应该主动与程序员沟通，解决存在的问题。产品经理首先要以公正、平等的姿态呈现事实；其次，要保持一种公开和愿意分享的心态，与程序员沟通想法，互换意见；最后，要包容程序员。

同时，产品经理还要不断地学习技术方面的知识（不必达到完全领悟），获取有关技术的新看法，采取积极的措施解决与程序员之间的问题。产品经理要用心倾听程序员的看法，理解他们的难处，与他们一同解决问题。

脑洞大开的运营人员

运营的目标是通过各种手段、各种渠道，让越来越多的用户知道产品、使用产品，让产品在市场上具备一定的占有量。运营团队经常和数据打交道，运营人员需要具有强大的数据分析能力、数据整合能力、市场预测能力。另外，运营团队的工作围绕用户进行。运营所做的一切事情都是围绕用户展开的，如果运营人员脑洞大开，但之后策划的活动没能吸引用户或者没能将用户转变为客户，那么就是一次失败的运营。

通常在产品上线前,产品经理和运营人员打交道较少,而一旦产品上线,有了用户,产品经理就要经常和运营人员打交道。产品经理在与运营人员沟通的过程中,通常会用到数据。数据对于运营团队非常重要,任何环节都可以用数据进行衡量。为什么产品经理那么关心数据?因为数据的来源是用户,运营人员研究数据的同时也是在研究数据的缔造者——用户。数据能够反映出用户的使用情况,具有一定的客观性和准确性。

通常,产品经理和运营人员很少会出现沟通不畅的情况,这是因为产品和运营不分家,产品经理需要懂得一些运营的知识,运营人员也要具备一定基础的产品思维。所以两者在沟通上通常不会存在太大的障碍。一旦产品出现问题,运营人员通常会在第一时间知道,之后再通知产品经理,由产品经理解决。

产品上线后进行迭代的需求通常由运营人员提出,因为运营人员是产品经理与用户之间的桥梁,没有运营人员就无法获取用户对产品的相关想法或信息,也就没办法让产品迭代到位。通常在产品的后期发展中,运营人员起着决定性作用,所以产品经理在此过程中要全力配合运营团队。只有在拥有自己的用户,拥有流量后,产品才有自己的话语权,才能实现企业所期盼的长期盈利。

产品经理若想进一步提升自己的能力水平,可以从运营方面入手,多了解与运营相关的知识,以便于前期的产品设计和产品开发。

思维全面的测试人员

事实上,每个产品经理都是一个测试人员,对产品最了解的人就是产品经理。所以对于如何测试产品，产品经理拥有绝对的话语权。

那为什么有些公司还需要招聘一批专业的测试人员呢？一方面是因为产品经理时间有限，没办法花费大量的时间进行测试；另一方面，测试人员的测试思维比产品经理更全面，他们会用不同的方式、从不同的角度测试产品，指出漏洞，这种专业性产品经理无法企及。要想产品测试得准确，首先产品经理和测试人员要达到某种共识，建立某种可以共同理解的语言。这种共识或"语言"的形成需要一份严谨的文档，通常此文档被称为测试用例。产品经理在撰写测试用例的时候要尽可能全面、详细。

测试的目的是保持产品长期、稳定的可使用性。一般程序员设计出来的东西都有漏洞，有些漏洞可以被轻易发现，而有些漏洞就可能比较隐蔽。那些没被发现的漏洞如果遗留到产品上线，不仅会影响产品的口碑，还会对自有品牌造成一定影响。所以，测试人员的存在是为了让程序更完美，让产品使用周期更长，使产品底层技术更稳定可靠。

产品经理与测试人员的沟通要及时、有效。产品经理要做好每次测试结果的版本管理，让开发人员提前做好修补漏洞的准备，不能对当前的开发进程造成影响。

总结：

产品经理要具备发现"每个人擅长做什么事"的眼光，要有发现每个人优势的能力，让他们发挥优势。产品经理不论个人能力多突出，也不可能在所有领域都出类拔萃。产品经理要像管理企业那样管理自己的产品，与不同部门建立起切实有效的跨部门、跨职能的团队，与各个不同领域的专家共同携手成就产品事业。

第八章

产品经理提高篇——运营

刚从事产品经理这一职位的时候，我也曾陷入一个误区：一度认为产品经理只需要画好原型图、处理好需求、带领好团队就可以了，后来经历的项目越多，越明白运营的重要性。产品圈流传着这样一句话：产品、运营不分家。

在目前的互联网行业，运营基本上和产品同样重要。产品要保证定位的正确合理，而运营要保证上线后的用户活跃度、用户维护等。如果将产品比喻成新生儿，那么"生孩子"对于产品经理来说就是最重要的事情，而"养孩子"则是运营团队的重中之重。通常一个"孩子"需要配备一到两个产品经理，而运营却需要一个团队，且团队内部成员的数量通常都在10人以上。可见运营工作内容的繁杂，以及企业对于产品运营的重视。

如果说产品上线之前是产品经理在主导产品，那么产品上线之后通常都由运营团队来主导产品。在产品上线后期，运营团队会成为用户和产品经理之间的桥梁，产品升级迭代的需求通常大部分来源于运营团队。运营人员与用户长期打交道，他们最了解用户需求，对于产品后续的迭代需求最有发言权。

一个产品前期设计得再理想、再完美，定位再准确，如果没有一个优秀的运营团队，也无法达到预期效果。同样，运营团队再优秀、经验再丰富，如果没有一个成功的前期产品定位、产品分析，再好的运营团队也无法弥补这种缺失。所以两者是相辅相成的关系，对于要打造产品的企业来说，两者缺一不可。

对于产品经理来说，了解运营知识有助于提升能力。

第八章 产品经理提高篇——运营

第一节 运营是成长的利器

正因为产品、运营不分家，所以我不建议刚进入职场的同学进入外包公司。小 B 就是这样的一个例子。刚毕业小 B 兴奋地告诉我："姐姐，我找到产品经理的工作了，虽然只是从助理做起，但是我会努力的。"当我问他是在一家什么公司、做什么产品的时候，小 B 告诉我什么产品都有，比较广泛。我很奇怪，因为对一家企业来说，将一个产品做起来并非易事，往往一家中型企业有五六个主打产品（持续性运营）就已经很不错了。继续追问之下才明白，原来这是一家外包企业，但是这家企业在行业内名气还是不错的。

两年后，小 B 成功地晋升为产品经理，但是他并没有很开心。他向我诉苦："为什么我做了这么多产品，对每个产品都很认真负责，却还是没有特别大的进步呢，我真的很困惑。"其实小 B 的困惑是必然的，因为他所选择的公司决定了他的上限。可以说，外包企业是一家专门为其他公司做产品的企业，这样的企业是没有运营团队的。所以他的工作内容是：接到一个项目，开始着手准备，画好原型图，交给设计，切图给前端，搭建后台系统，测试验收完毕，在对方公司满意的情况下，这个项目就算完结了。然后接收下一个项目。这中间缺了非常重要的产品上线后的运营，这个产品是小 B 打造出来的，但是后面的事情却与他无关。

成长来源于不断犯错、知错、改错的过程，没有经历过关键的运营环节，小B如何成长呢？这就是他无法突破的原因，因为他的上限在这家公司是固定的。

产品上线后，产品经理和运营团队打交道最多，这个时候，产品经理可以知道很多来自用户的反馈，这些反馈都来自运营团队。这就如同上学的时候，经常考试，考试之后会得到分数，如果仅仅知道分数，却不知道哪些题做对了、哪些题做错了，那么考试就失去了意义。因为考试的目的是寻找自己的不足，知道哪里需要弥补，哪里需要改正，从而让自己变得更好，使下一次考试取得更好的成绩。对于产品经理，如果只知道产品整体的反响，却不知道用户喜欢哪里、不喜欢哪里、哪里需要改善，那么就不会知道自己当时所做的决策哪些是错误的，更不要提自身的成长了。所以对于产品经理来说，运营是使其不断成长的利器。

总结：

画再多的原型图、带领再多的团队、打造再多的产品，都不及一个失败的案例对你的帮助大。运营是你与用户之间的桥梁，桥梁没了，你就像一座孤岛，无法倾听用户的声音，你不知道自己成功在哪里，失败在哪里，当然也就不知道自己哪些地方需要改进，哪些地方需要保持。

第二节　如何做大体量

每个公司都在思考如何做大体量，无论是传统行业还是互联网行业，都把做大体量作为目标。传统行业通过大体量的售卖实现盈利；互联网行业通过大体量进行导流，从而拉融资、卖广告或者提升品牌竞争力。

产品做大体量的前提是有一个好的开发团队，设计出合理的符合大众需求的产品，然后有经验丰富的运营团队，将产品推到市场，引爆热点，吸引用户，增加流量。

先从前期开发谈起，如果设计的产品是一个简单的硬件产品（非系统型产品，功能相对简单，如智能手环），那么可能需要产品经理1人、硬件工程师1人、软件工程师1人、后端工程师1人、测试工程师1人、运维工程师1人。如果设计的产品是前端产品App，则可能需要产品经理1人、客户端工程师1人、后端工程师1人、测试工程师1人、UI工程师1人、交互设计师1人，那么1～6个人就可做出一个简单的产品（非系统型）。

单就这些简单的产品来说，3～6个月打造出一款初级版本的硬件设备或App并非难事，但是想做大体量不那么容易，因为这涉及市场、产品、营销与运营等问题。

运营成本

一个优秀的产品要做大体量,关键问题在运营成本上。运营成本可细分为用户运营成本、内容运营成本、资源拓展成本和市场营销成本四个部分,只要产品还持续迭代,就要持续地进行运营投入。所以一家公司在运营上花费的成本往往是最大的(见图8-1)。

图8-1 运营成本

例如,我曾经做过一个资讯类网站,技术团队配置是产品经理+设计师+前端工程师+两位后台工程师+测试师。这样一个简单的6人配置可以掌控这个产品的整个生命周期。但是这个网站的运营人员中仅内容运营就有10位成员,他们的主要工作就是不断地产出内容——资讯文章。仅从人力这方面就能看出运营成本在产品成本中所占的比例。拿RIO鸡尾酒进行举例,可以说RIO在市场营销领域的花费非常巨大,RIO兴起的时候几乎在每一个知名的电视剧或者综艺节目中都可以看到它的影子。RIO就是利用市面上的超级IP来宣传自己的产品,将IP的巨大流量引流到自己产品上的典型案例。

你可能会说,如果产品做得足够优秀且具有高品质,还怕它传播不出去吗?答案还真的就是传播不出去,靠自发传播引流的时代早就一去不复返了。现在的产品运营不做投入,纯粹依靠社交人际口碑进行传播，是没办法使产品稳定且长期发展的。即使产品用户活跃数比较多，也不能说明这些用户愿意分享我们的产品，而且就目前的形势来看，愿意将产品分享给他人的活跃用户是极少数。所以，运营团队对于企业来说是必须具备的。这个团队更像产品经理的后勤部门，有了他们产品经理能更顺利地开展工作，也可以更快地获取用户反馈。

要让一款应用存活下来并占据一定的市场，首先要准备足够的营销费用。这就是为什么 6～10 个人就能做出一款产品，但产品的运营团队却需要很多人。别指望 6～10 个人做出来的产品就能打遍天下无敌手，一个好的产品开发团队可以保证这个产品符合用户的期望，符合用户的使用需求，保障用户的留存率，但是吸引用户、增加流量则需要由运营团队主导。

很多优秀的产品刚在市场大环境中出了一点成绩就瞬间没落了，不是因为它们不够优秀，也不是因为它们的品质不够好，更不是因为它们迭代不够快，而是因为没有足够的资金或资源去维护它们的长期发展。

爱奇艺作为百度控股的企业是视频领域的代表；秒拍作为新浪旗下的企业是微博独有的视频应用；微信作为腾讯旗下的另一个通信类产品拥有中国体量最大的用户群。它们的成功不仅仅是因为产品经理专业性强、痛点抓得很准、技术非常高端等，更主要的原因是它们有足够的资本来支撑自身的发展。所以运营在产品推广过程中非常重要。

总结:

靠口碑自主传播的时代已经一去不复返了,如今,产品如果想做大体量,关键在于运营和推广;运营推广的到位会让产品在市场中占有一席之地。可以说,一个成功的产品是天时、地利、人和乃至运气的共同产物。

第三节 运营基础知识

随着互联网的不断发展，企业都想做"互联网+"。在这样的情形下，运营岗位就变得越来越重要。如果说产品开发的目的是在市场上做到差异化和带给用户价值，并且能够恰当地满足指定目标用户的需求，那么运营的目的就是要真正地吸引用户，留住用户，甚至是利用用户为企业创造价值。在一个产品团队中，产品经理可以是一个人，但是运营却需要一个团队。一个好的运营团队可以为企业创造意想不到的价值。

运营三大阶段

根据产品进展情况进行细分，运营大致可分为 3 个阶段：吸引用户阶段、留住用户阶段、利用用户阶段（见图 8-2）。

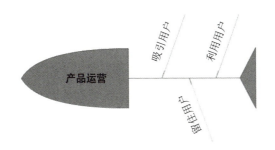

图 8-2　产品运营鱼骨图

吸引用户。在产品前期阶段，作为一个新兴产品或者用户群体比较小众的产品，运营团队需要采取一定的措施吸引用户下载并使用产品。

留住用户。在产品发展阶段，运营团队要想办法减少用户流失率，不断扩大用户群，提高用户活跃度并提高用户转化率，等等。好的产品不仅要做到吸引用户，还要做到让用户舍不得离开，使用户成为产品的忠实粉丝。

利用用户。在产品壮大阶段，运营团队要考虑如何利用广大的用户群体让C端用户掏钱；或者让B端企业掏钱为C端用户埋单。举个例子，部分媒体公司创建内容是为了通过出售付费内容给用户进行营利；部分公司也创建内容，但是它们创建内容不是为了靠内容直接营利，而是为了吸引和留住用户，通过流量来创造更多的机会，增加销售量。

小C是一个运营团队的领导，他的团队正在准备运营一个新的视频App应用。他们将商业模式确定为通过第三方商家广告营利，所以整个产品运营的目标就是提高用户数，也就是增加流量。作为一个新兴产品，为了吸引用户下载产品并使用产品，他们购买了某平台朋友圈的广告来进行宣传（此过程就是一个吸引用户的过程，他们的做法是通过购买第三方的广告来实现产品的宣传）。吸引来一批用户后，他们发现用户流失率很高，所以他们策划了一系列活动（每日签到提升用户等级、专题视频等）让用户参与。这个过程就是留住用户的过程。当然留住用户的方式有很多，而且基本上都需要运营人员有丰富的想象力，策划出很多新颖奇特的内容吸引用户不断地使用App。最后在这个产品的用户流量已经达到足够大的量级，并且用户流失率很低时，就有资本让第三方商家买广告了。平台可以帮助商家推广宣传，从而帮助其营利。这个过程就是利用用户的过程，但是不需要用户买单，因为已经有其他人（B端企业）替用户买单了。所以互联网时代是没有绝对的免费产品的，所有的免费都是为了更好地收费。

运营团队分工明确

运营团队的工作内容大致可分为基础运营、用户运营、内容运营、活动运营和渠道运营（见图8-3）。

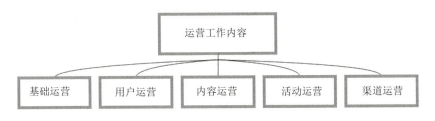

图8-3 运营团队工作内容划分

基础运营。负责产品日常运作过程中最基础、最普通的工作。

用户运营。负责维护用户、扩大用户数量、提升用户活跃度。对核心用户的运作也可以从用户那里获得反馈，以改进产品。

内容运营。负责产品内容的编写。素材整理、推荐、整合、推广等工作。

活动运营。针对产品形态策划活动，目的是提升产品的KPI指数，实现对产品的推广。

渠道运营。通过与B端企业的商务合作、产品合作、渠道合作等，对产品进行推广。也可通过市场活动、媒介推广、媒体营销等方式对产品进行推广。

接下来通过一个简单的例子了解一下运营团队的具体分工。小C的运营团队虽然小但"五脏俱全",而且分支也很多,主要分为五类:基础运营、用户运营、内容运营、活动运营、渠道运营。其中,两个人做视频App的基础运营工作,如登录后台系统审核用户评论,检测后台视频上传系统是否使用正常、是否需要维护等;5个用户运营人员负责监测用户的使用情况,对用户活跃率、留存率、流失率、转化率、新增用户数等这些与用户有关的数据进行记录和分析,以及与用户进行直接沟通,将用户的反馈交给产品经理,进而不断完善产品;5个内容运营人员负责每天的视频制作、视频上传、信息编辑、图片截取等工作;由两个想象力丰富,总能想出很多奇特、新鲜点子的人来策划线上活动,积聚人气,目的是吸引用户、留住用户,这两个人就是活动运营人员;5个渠道运营人员负责与各个不同的企业进行沟通,这些企业有的是客户,有的是内容合作方,有的是推广合作商,等等。

数据与指标

运营人员每天都要与不同种类的数据打交道,运营人员关心的数据与指标是庞大的,分别有下载量、总用户数、新增用户数、留存率、转化率、流失率、付费率、活跃率、活跃用户数等(见图8-4)。

下载量和新增用户数。这两个数据都与吸引用户有关,反映的是初期采取的吸引用户的策略是否合理以及是否有效。通过个数据也可以判断出是否需要进行商业推广来提升下载量和新增用户数。

总用户数、留存率和流失率。反映产品目前的流量状态以及流失情况，根据这几个数据大致可以找出用户流失的原因，这个原因可以成为改进产品的法宝。其中，月留存有助于更准确地判断产品存在的问题。如果在这个时间段用户可以留下来，那么他们成为产品忠诚度较高的用户的可能性就会比较大。

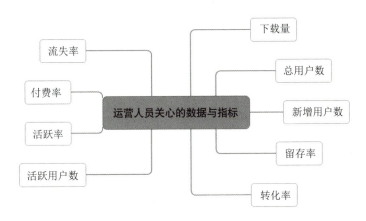

图 8-4　运营人员关心的数据与指标

活跃用户数。指在一个平台或应用可以维持一定的使用时间或一定的活动用户的数量，这个指标通常是由产品经理与数据分析师共同确定的。

活跃率。活跃率 = 活跃用户数 / 总用户数 ×100%，如果经过 3~6 个月的时间沉淀，用户活跃率可以稳定在 5% ~ 10%，那么可以断定用户活跃表现良好。如果活跃率比较低，那么活动运营人员就要思考如何策划活动以提升活跃率。

付费率。付费率 = 充值用户 / 注册用户 ×100%。一些对网民完全免费的平台不存在这个付费率。对于直接对用户收费的产品，通过这个数据，运营人员可以了解注册用户中付费的用户有多少，从而可以预估出未来企业盈利（仅针对用户付费部分）可以达到多少。

转化率。转化率是指在总的访问量中，有多少比例的人真正实现了某种行为，例如注册了账号、成为会员、完成了第一笔消费等。通过这个指标我们可以知道产品是否可以带给新用户价值，并让他们开始使用。

总结：

一个好的运营团体能够通过有效的推广达到吸引用户、留住用户、利用用户的目的，最后通过各方面的用户指标印证运营及推广是否合理、是否切实有效。其出发点是让用户对产品感兴趣，从而创造更多提高盈利空间的机会，帮助企业创造更高的利润。

第四节　运营提升——推广

目前，互联网产品推广形式主要包括三大类：线上推广、线下推广及新媒体渠道推广（见图 8-5）。

图 8-5　运营推广方式

线上推广

移动广告平台。可以将它理解为互联网的广告联盟，如同在地铁站经常看到的众多广告牌一样，它们充当着中介的角色，两头分别连接着广大的用户和购买广告位的商家。在移动广告平台上，商家购买的广告位没有特定的限制，展现形式可以是多种多样的，最终的目的是创造更多的机会提升品牌影响力，让更多用户知道产品并使用产品。

第三方商店。第三方商店兜售的商品是众多企业的 App 应用，在移动端，用户需要通过这个第三方商店下载企业 App。目前，全国有非常多的第三方商店，这些商店的特色都是界面简洁、用户使用便捷、下载免费等。将互联网产品放在此平台上推广，可快速增加流量。

软件捆绑。这种推广方式非常常见，即在一个应用中往往出现另一个应用的下载界面，这就是所谓的捆绑，但万一捆绑得不好，就会降低用户体验与用户满意度。最常见的捆绑形式就是推荐自己公司的其他产品。

任务推广。在一个应用内展示多种积分或等级任务，通过完成任务的方式增加积分，从而让用户获取一些好处。

线下推广

手机厂商推广。其中最常见的是厂家预装，简而言之就是由应用推广商出高价让手机厂商在硬件端植入其应用，这和商家购买广告位如出一辙，都是通过B端企业购买的方式进行推广的。

运营商渠道推广。中国三大电信运营商利用其用户基数大的特性，将产品预装到运营商商店，借助第三方的流量资源进行自家产品的推广。

新媒体渠道推广

品牌推广。企业通过塑造自身及其产品的形象，获得广大消费者的认同，提升品牌认知度。一个自带品牌效应的企业生产出来的产品，靠品牌影响力甚至可以引入巨大的用户流量。根据目前的营销行情，新媒体运营对于品牌推广是相当大的助力，也是一个趋势。另外，SEO（搜索引擎优化）的重要性毋庸置疑，做品牌就需要对关键词进行优化，虽然见效慢，但爆发起来也会比较猛烈。不论产品处于哪个阶段，活动营销一直是绕不过去的话题，目前主流的活动形式可以分为以下三大类：由用户生产内容的活动引导用户产出符合要求的内容；引导型活动通过激励或者内容引导的方式促进用户互动，从而推动产品社交关系的扩展；通过契合度较高的活动吸引用户参与。

论坛、贴吧等。在互联网的初期阶段，目标用户都是在论坛培养起来的，现在如果要通过论坛、贴吧的形式进行推广，就要选择合适的论坛形象定位，树立良好形象，标题要新颖、富有创意，还要多备些"马甲"，来增加帖子的热度。

互推。互推就是各应用间互相推荐。各应用都是做不同产品的非竞争关系。这也是目前比较常见的形式。

搜索引擎推广。搜索引擎是网站流量的重要通道，利于用户发现信息，并通过点击进入相关网站进行进一步的了解，但对于移动互联网，这个推广就显得不那么受用了。这一方面是因为各类应用市场已经抢占先机，另一方面是因为用户上网习惯已经改变。

视频推广。视频推广相对来说是比较新颖的推广方式，视频可以使推广力度加强，如果视频传播量很大，那么会带来巨大的用户流量。

总结：

目前互联网推广使用最多的是线上推广和新媒体渠道推广，新媒体渠道推广因为新颖独特正在慢慢变成主要的推广形式。不论推广形式是怎样的，最终的目的都是吸引用户，使用户变成忠实用户。

第五节　运营提升——引流

引流的目的是吸引用户并且留住用户。互联网产品大多都主打内容和服务。

内容为王

对于功能性的应用，其内容就是满足用户需求。内容通常是各类信息的集合体，所以目前的营销推广大多都是以内容为王，内容是留住用户的必备武器。内容主要通过图片、文字、动画、视频等进行传播，再将营销内容传递给广大用户。

知乎这个网站就是一个典型的以内容取胜的案例，如今知乎早已成为问答领域的领头羊，它有专业的用户群体、深度的答案剖析、广博的知识内容。知乎的内容早已成为其独有的内在资源，同时也是它一直屹立不倒的关键（见图8-6）。

图8-6　知乎界面

在内容营销方面，企业不需要注入太多的资金或资源，但是内容营销如果做得好可以发挥非常大的影响力，甚至可以帮助企业树立良好的品牌形象，从而在相关领域内拥有巨大的发展前景。所以基于互联网的内容营销往往比线下营销更有效。

内容可分为 6 类：持续性内容、热点性内容、即时性内容、方案性内容、实战性内容以及时效性内容（见图 8-7）。

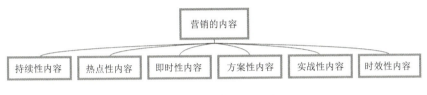

图 8-7　内容营销的分类

既然内容营销效果这么好，那么究竟应该如何开展内容营销呢？内容营销主要有 3 种形式。

（1）增加流量。增加流量作为一种最广泛使用的内容营销方式，意味着企业所追求的是尽可能多的"眼球"。那么企业需要专注于吸引人的文章标题、热点话题，让有影响力的人物推荐自家的网站。例如，一直播平台就是以庞大的明星效应快速建立起自己的品牌的。

（2）建立存在感和信任感。当企业与受众建立存在感和信任感时，企业就不仅与受众建立了关系，还与他们身边的人也建立了关系，这可以帮助企业获取更多的用户。

（3）增加转化率。通过线上或者线下活动激励用户分享企业发布的文章或者分享企业的产品，增加产品的转化率。

用内容增加用户黏性。其一，内容初始化——构建产品价值观：

在构建好的内容框架下，在用户进入前，填充一些内容，这些内容可以满足种子用户的基本需要；其二，内容运营质量的甄别：运营人员的工作之一就是做推荐工作，即优质内容的选择、优质内容的整合；其三，公众平台与用户形成良好的互动：要坚持长期的内容运营方针，在固定时间发布内容，与内容消费者保持互动，尽量原创，少转发和借鉴其他同行的内容。

网络营销高招

目前主流的网络营销方式主要有两种。

（1）饥饿营销。指商品提供者故意降低产量，营造"供不应求"的假象，以维护产品高端形象并维持较高售价和利润率的营销策略。当然饥饿营销的最终目的不仅仅是挣钱，更是提高品牌价值，树立高价值品牌的形象。适合饥饿营销的产品要符合以下三大因素：市场竞争不充分、消费者心态不成熟、产品不可替代性强。

（2）借力营销。指借助外人或别人的优势资源实现自己制订的营销目标或者营销效果，借力是使自己达到目标最快的办法。可以借品牌、借用户、借渠道来进行网络营销。

总结：

引流的方式有很多种，如网站最基本的 SEO 优化就属于引流的一种。不论产品引流的方式是怎样的，引流的最终目的就是让产品的流量稳定，甚至不断攀升，进而为最终的流量利用做准备。

第六节　运营提升——激励

随着应用的增多，用户的选择性越来越大，那么奖励机制就是可以留住用户的突破口。奖励主要有以下几种形式。积分：一个好的应用要营造一个能获得更多用户关注的生态环境，可以用统计积分的形式记录一个用户持续增长的良性状态。签到：让用户主动签到，从而使其持续使用产品。任务：让用户通过下载、转发、注册、评论等获得一定的奖励，进而提高用户参与度。

前面介绍了一个产品或应用应该如何推广以及如何引入流量。那么现在，在一个产品已经具有一定流量的情况下，就要思考如何激励用户将产品分享/转发/推广给身边的朋友，也就是所谓的提高产品转化率。

从人的需求的角度看（见图8-8），常见的产品激励手段有3种：精神层面的满足、物质层面的满足以及产品功能层面的分级满足。

前面两种非常好理解，用户竞争、社交等方面的满足属于对人的精神层面上的需求的满足，很多产品在这些方面的设计已经非常成熟，包括积分、等级、勋章、认证等，都是满足用户与他人竞争获得成就感的需求，是虚拟成就的表现；其他的奖励形式，例如有奖活动、会员积分兑换、免费试用等则属于对人的物质层面上的需求的满足，能给用户一些实际的优惠，是从传统行业延续至今的一种激励方式。特别是对于购物的女性，打折就相当于"免费"，会激发她们购买的欲望。

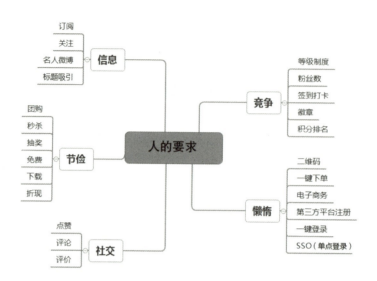

图8-8 人的需求

产品功能层面的分级满足不是很好理解。举个例子，贴吧要求等级达到7级就可以使用多个贴吧一键签到的功能，这就是通过产品设计上的分级体验，来刺激用户产生平台所希望的行为（让用户保持日活和UGC内容贡献）；如常见的通过惩罚来保障激励体系的做法：平台产品为防止用户注册假账号上线造谣、辱骂，或者防止垃圾账号注册影响整体的平台环境，就会限定等级低的用户只能浏览不能发言（或者不能和其他用户互动等），以保护平台环境整体的健康，并保证内容的正面价值。这种看似是限制的手段，实则是对用户的一种激励。

用户激励不是一个部门的事情，不仅仅是产品经理的工作，也不仅仅是某个运营人员的工作，它存在于整个团队对整个产品生态的定位、发展、优化、矫正、回归等每一个环节，在每一次的版本优化、功能设计、活动策划中，明确产品要解决什么样的用户需求。

用户愿意分享产品，基本有以下两点原因。

（1）内容可以充分打动用户，让用户觉得深有感触。

（2）触发用户对外分享。

第一点是用户觉得内容好，好的程度可能是会在心里点个赞，会留心记住，会做好收藏，甚至用笔记下来，但归根结底这是一个输入过程，对外并无交互；第二点是大家梦寐以求的环节，触发用户主动分享，这是一个输出过程。输出过程实际上是用户的对外表达，是一种再创造，只不过是将之前的输入作为现在表达的素材（见图 8-9）。

图 8-9　简书的分享功能

当问"用户为什么分享"的时候,实际上问的是"用户为什么表达"。

表达可以分为两种:一种是有直接收益的表达,如转发有奖,利益越高效果自然越好;另一种为隐藏动机。所谓的隐藏动机,就是用户表达的目的是希望通过分享得到他人的关注、点赞或反馈。

总结:

激励的方式和形式是非常多样化的,对于激励并没有什么条条框框的限制,只要合理,我们都可以采用,激励的主要目的是留住用户,并且将用户转变为忠实用户。归根结底,运营团队的工作目的就是吸引用户、留住用户、利用用户。

第九章

产品经理要懂得说"不"

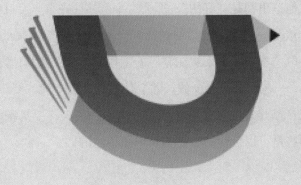

说"不"很难吗？你对他人的想法、论点、行为说过"不"吗？为什么很多人都很难说出"不"这个字？因为说"不"是需要勇气的，说"不"意味着你不认同他人的观点，不认同他人的行为，对其持否定看法。在多数情况下，通常会用这样的语言来阐述自己的不认同："应该不行吧""应该不对吧""有可能是错的吧"。为什么在"不"的前面要加很多修饰语呢？因为一旦说"不"，就意味着要面对非议，就要站在对方的对立面。但是在现实生活中，几乎没有人可以永远对别人说"好的""可以""没问题"，如果你可以，那么你不是对你自己不负责，就是对他人不负责。因此对别人说"不"是很有必要的，要懂得说"不"，要有勇气说"不"。

对于产品经理这样的岗位，需要产品经理具有强大的魄力，拥有强大的内心，具备强大的气场，所以说"不"更是其家常便饭。如果什么事在他这里都是"好的"，那么这个产品往往在开发过程中会乱成一锅粥，这是一种非常可怕的情形。产品经理在产品需求过于膨胀的时候，要说"不"；在有人想在有序的工作中胡乱穿插其他需求的时候，要说"不"；在面对只有少数人才会使用的功能点时，要说"不"。简而言之，产品经理应该是一个懂得说"不"的人，要具备敏锐的眼光以分辨哪些是可以接受的，哪些是需要拒绝的。

第一节　对闭门造车做产品说不!

闭门造车通常用来比喻一些人做事情一意孤行，不考虑客观情况，脱离实际。在互联网信息爆炸的今天，任何人做任何事情都不能再用闭门造车的形式，因为竞争对手太多，闭门造车制作出好产品的时代早已经成为过去。对于产品经理，闭门造车通常是指那些不调研用户使用需求、不考察当前市场行情、不研究周边竞品、不做竞品分析，仅仅通过自己构思创造产品的人。

都知道做产品经理要自信，要对自己做出来的产品始终保有正面的态度，不论他人怎样评论，产品经理都要坚守自己的立场。但有的时候坚持过了头，就会演变为闭门造车。总是沉迷在自己的"井底"，以为自己看到的就是全世界，其实只是冰山一角。之所以会出现闭门造车的情形，就是因为部分产品经理过分地自信，其实就是自负导致的。他们高估了自己对用户的了解程度，高估了自己做产品的能力，高估了整个市场的包容度，更低估了用户的选择权。所以对于产品经理，闭门造车做产品是大忌，更是一种极其不负责任的行为。

小 A 是一个特别自信、特别乐观的产品经理，之所以会被企业领导招聘进来，就是因为他的自信和积极状态，但殊不知也正是这一点造成了无法挽救的重大失误，不仅对小 A 的前程产生了巨大的影响，也给企业造成了损失。

小A刚进公司就接受了一个大项目,足以看出领导对他的重视,小A也是铆足了劲儿要大干一番。在产品调研阶段,小A发现市场上的竞品没有一个是可以借鉴的,他觉得每个竞品都一无是处,就停止了对竞品的分析;接下来本该进行用户调研分析,又被小A略过了,因为他觉得用户都不懂互联网产品,听取他们的想法非常浪费时间,也没有任何可取性。就这样,小A放弃了所有前期调研的事项,直接开始绘制框架、梳理功能点、设计原型图。所有的梳理都是小A一个人的想法,小A觉得用户需要这些功能,所以就有了整个产品的功能点;小A觉得这样的界面设计最好看,最符合用户使用习惯,所以就按这样的原型图进行绘制。大家有没有发现什么问题?小A最大的问题就是"我觉得这个比较好""我觉得用户不需要这个功能""我觉得用户会喜欢这样的界面"。他将自己看作用户,将自己的观点理解为用户的观点,将自己的需求理解为用户的需求。但是他却忘记了,他做的产品不是给他一个人使用的,而是给广大用户使用的。他将自己的思维等同于广大用户的思维。

因此,不难预料,产品上线后用户数量始终上不去,因为他所做的产品没有坚实的基础,就如同建房子没有地基一样,经不起推敲。而且这是小A自身自大的原因造成的,却要整个企业、整个产品团队为他承担后果,所以小A是一个极其不负责的人,他将自己看得过重,认为自己可以代表一切,从而给企业造成了资源上的损失,也给产品团队造成了不可估量的影响。策划产品的人虽然是小A,但是真正将其展现出来的是整个产品团队,团队中的每个人都参与了产品的制作,因为小A决策上的失误造成了不可挽回的结果,是非常不可取的。

第九章 产品经理要懂得说"不"

对于产品经理,前期的市场调研、竞品分析、需求分析都是必不可少的。通过市场调研,能够知道目前市场对于此类产品的需求情况;通过竞品分析,能准确知道要如何打造自己产品的差异性;通过需求分析,能了解用户真正需要的产品是什么样的。在做此类工作的时候,没必要将其撰写成文章,也不用跟大家一起开会讨论分析,不需要将其形式感搞得那么重。但是这几个阶段一定要有,可以利用最简单的方式将其记录在案,因为前期所有的调研分析是产品经理做产品的依据。

作为一名产品经理,你所承担的责任是巨大的,开发者、设计师所开发、设计的依据来源于你的原型图或来源于你的产品需求文档,如果你的需求分析在一开始方向就是错的,那么对于他们工作时间的占用、工作量的输出都会产生不良影响,以致他们的价值没有办法得到彰显。对于企业也是如此,企业最终的目的都是希望通过产品营利,或者希望其可以有效提升品牌价值。如果一开始方向错了,就会白白耗费人力成本、资源和时间,对于企业的损失也是显而易见的。

产品不是任何一个产品经理的试验田,产品经理不要轻易将其演变为自己的试错场,因为产品经理的错误需要很多人买单。

对闭门造车做产品,请说"不"!

第二节 对需求无优先级说不！

需求是每一个产品经理创造产品的源泉。任何产品所有的功能都有其存在的根源，其根源就是数之不尽的需求。"需求池"这个概念大家应该都不陌生，为何要用"池"来比喻需求的"容量"？就是为了形象地说明需求是众多的、无穷无尽的。

需求的最初来源是用户，假如一个用户对产品有20个需求点，那么两个用户对于产品就有40个需求点，3个用户就有60个需求点，依次不断叠加。市面上的很多产品都拥有众多用户，每个用户的痛点、兴奋点、需求点各不相同。因此，当产品上线后，我们往往会收到一系列需求反馈，当然包括用户对产品的吐槽，但是如果我们按他们的说法进行产品迭代，又会发现费尽心力添加的功能不是用户最终想要的。这是因为大多数情况下，用户并不知道自己到底需要什么，也不知道自己的痛点是什么，需要解决哪类棘手的问题。还有一种情况，用户说的和自己心里想要的是背道而驰的。

对于产品本身，如果需求增加得过多，就会造成产品"负载"过重的现象。一旦产品"负载"过重，想要"增加"就很困难，想要"减少"更非易事。所以对于新开发的产品，切忌什么需求都要、什么功能都做、什么交互都设计的情形。这种照单全收的做事方式会给产品本身造成不可逆转的后果。对于产品，要懂得简单即是多的道理。一个产品经理如果连需求甄选的能力都没有，就不配做一名产品经理，因为这是对产品经理基本工作能力的要求。对于开发团队也是如此，每个开发人员都希望可以实现可靠、有价值、紧迫的需求，而不是将自己的宝贵时间和精力浪费在不断增加、不断更改的需求上。开发人员之所以会对产品经理不满，是因为产品经理不断删减已经在处理的需求、不断添加需求、擅自更改需求等。为了保证产品的整体开发进度，产品经理应该在源头上把控好对需求的处理。

那么产品经理应该如何做需求的管理工作呢？可以利用给需求添加优先级标签的方式来对需求进行管理。一般情况下，优先级大致分为一级优先级、二级优先级、三级优先级、四级优先级等。被标为一级优先级的需求往往是最重要的，以此类推。在开发过程中，团队成员会优先解决一级优先级的需求，再解决二级优先级的需求，最后解决最末级的需求（见图9-1）。

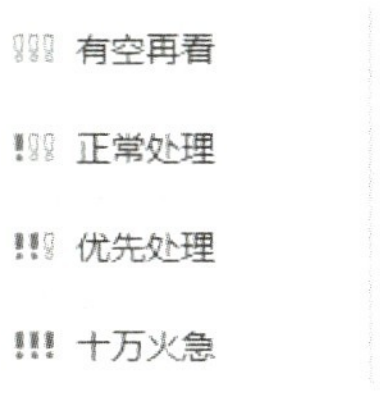

!!! 有空再看
!!! 正常处理
!!! 优先处理
!!! 十万火急

图 9-1　优先级

通过优先级标签来管理需求，可以使产品团队高效运转，保证整个团队成员工作输出价值的最大化；可以帮助产品经理合理安排人力和时间，保证产品开发有序进行；可以保证需求变更的合理性，不至于让程序员感到不满；可以保证整个团队工作井井有条，同时也可以帮助产品经理管理自己的"需求池"。

可能大家觉得给需求贴标签是一件非常小的事情，没有必要那么在意。贴标签确实是一件很小的事情，但是这件小事情却可以影响整个产品团队。需求是永无止境的，就像人的欲望源源不断，实现了一个，还会有接二连三的欲望涌上心头。需求也一样，当产品实现了一个需求的时候，用户对于这个产品还会有新的需求，这是一个不断循环的过程，没有终点，只要产品还存在于市场，需求就会一直存在且会一直发展。正是因为需求的不断繁衍，产品才会不断地迭代升级，从而拥有属于自己的市场，变得无法取代。

需求是永无止境的，我们的资源（人力、时间等）却是有限的。不可能因为需求的不断增加，而不断地添加更多的人力和时间成本（毕竟企业的资本是有限的）。不同的需求能够带给产品的价值以及其资源成本也是不同的，这个时候，就需要使用优先级标签。这可以让一个人数有限的开发团队在有限的时间里创造出价值最高的产品，使企业"价值最大化"。需求是产品经理手中的宝贵资源，所以要用好这些资源，只要做好需求优先级这件"小事"，就可以给企业、团队、产品带来巨大的价值利益。

对需求无优先级，请说"不"！

第九章 产品经理要懂得说"不"

第三节 对身为产品经理没有个人主见说不！

老板是公司的负责人，往往他的一个决策可以改变企业内所有员工的命运。产品经理可以说是产品的老板，但他也是一个普通的员工。员工和老板之间的关系简单理解就是被雇用与雇用的关系。雇用的主体是老板，他提供薪资作为产品经理工作输出内容的回报。所以这就导致了一种比较尴尬的现象，首先企业是老板的，而产品是企业的，做产品的目的是让企业赢利，企业赢利老板才可以继续稳定地让企业持续发展下去，所以产品既是企业的也是老板的。而产品经理要掌控产品的所有大小事务。这就相当于一个老板在上、产品经理在中间、产品在下的结构体系。产品经理与老板往往会在不同维度对产品产生不同程度的分歧，如果出现这样的情况，沟通就显得至关重要。

如果你的老板比较了解产品经理的职责，知道产品经理的工作属性，也相信你的业务能力，清楚地知道产品经理可以掌控产品大方向，那么你的工作就会比较顺利，他会充分地给你施展空间，不过多参与，让你在产品管理中拥有一定的掌握权、一定的话语权，这对产品经理来说是最理想的情况。但是如果你的老板对产品经理的职位不是很了解，那么作为产品经理你在产品管理中的角色就会尴尬，因为你没有主动权、没有话语权、没有决定权，你就像一个没有思想的棋子，任人摆布，你所要做的就是"听话""执行"，你不需要有任何思想，也不需要对产品有任何见解，因为你的老板会用尽心力将所有的一切都安排好，你所要做的就是听命行事。在这种情况下，产品经理很难有所成长，甚至还会培养出很多不好的工作习惯。

老板与产品经理正常、合理的配合方式应该是这样的：首先，老板和产品经理坐下来谈论产品的概况，老板先将产品的目标、预测的产品用户群体，以及产品未来的发展方向确定下来，老板要将心中所有对于产品的考虑告诉产品经理，然后由产品经理思考要如何实施、如何设定，再和老板进行探讨，两人一致认可后，再真正进入开发实施阶段。一旦产品进入研发阶段，老板就要给予产品经理充分的尊重以及充分的权力，要相信产品经理的专业度，不要一有灵感就抛给产品经理，因为灵感是无尽的，而研发团队是有限的，任务也是已经被安排好的，如果中间随便穿插需求，不仅会导致产品经理工作混乱，更会导致整个团队的效率低下甚至士气低落。

但是作为普通的员工，我们不可能让老板改变，那如果真的有这种穿插工作的情况，我们要怎么做？就要去说服，千万不要小看这个词语，说服是非常需要技巧的。作为产品经理要对产品负责，即使是老板的要求，也要对其进行分析，如果有必要可以将其添加到需求中，如果没有必要甚至是冗余的，就不能接受，这个时候就要勇敢地说"不"，因为如果你说"好"，那是对产品的不负责，而你说"不"，可能会引起老板的不满，但至少你对得起这个职位，对得起你现在带领的产品团队。当然说"不"也是要具备理由的，将自己说"不"的充分的理由一一例举出来，摆到老板面前，让其进行选择，如果老板还是固执地坚持自己的想法，那就要告诉他可能因此会导致的损失。

员工与老板更像一种合作关系。产品经理贡献自己的专业知识管理产品团队，掌控产品未来的发展方向，而作为回报，老板需要提供工资等劳动报酬。老板和员工的关系应该尽量简单化，产品经理对他人提出的需求说"不"也是一件正常的事情，如果自己都不对需求进行把控，那么没有人可以充当这个角色。

对身为产品经理没有个人主见，请说"不"！

第四节　对团队当中我最大说不！

很多人都想当团队中的绝对领导者，因为领导者可以拥有显著的存在感。另外，领导者拥有绝对的话语权，一声令下，很少有人会否定。所有团队成员都要听命于领导者。另外，领导者还可以直接"撤换"自己不喜欢的成员，或者能力不足的成员。领导者在某种特定的情况下可以享受被尊重、被崇拜的感觉，这也是很多人所向往的。所以，很多人都想当领导。想当领导和能不能当领导是两个完全不同的概念。当领导之前要问自己适不适合当领导。当领导是需要能力的，而这些能力一般人很难具有，所以能当领导的人凤毛麟角。能够充当领导角色的人才更容易得到他人的认可。那么领导到底要具备怎样的素养呢？首先，他们是一群勇士，敢于探索"无人区"，能够承担因此带来的所有风险；有能够预见"风口"的能力，能够对自己所做的任何决策负责，不将失败的责任推给他人；能够解决问题，问题不论大小，不限维度，只要有问题领导者就有责任解决，解决不了就是能力不足；具备"伯乐"的眼光，能够发现人才、培养人才并善用人才；拥有强大的内心，如若失败，能够承担全部责任。其次，他们能够善后，处理扫尾工作。

产品经理这个职位，首先要明确，你在团队中不是领导者的角色，但是要具备领导者的能力。没有领导者的能力，产品经理很难将产品团队管理好，工作很难有序开展。但产品经理绝不能摆出领导的姿态，因为产品经理不是任何成员的上级领导。如果产品经理没有摆正自己的姿态，对于整个团队来说将是一件非常可怕的事情。

小 A 是一家公司的产品经理，小 A 的老板非常信任他，对他的能力也很看好，所以给予了他充分的权力，让他主导整个产品。慢慢地，小 A 的本性展现出来，他在工作中变得越来越强势，在整个团队中表现出一种盛气凌人的气势，不把任何人放在眼里。他不尊重别人的工作成果，他觉得整个团队只有自己最重要。他在产品团队中有没有做领导的能力尚不可知，却无时无刻不在告知大家：我是你们的领导者，你们任何事情都要听命于我。久而久之，整个团队对他的抱怨越来越多，团队的工作效率也开始变得越来越低下，产品开发遇到了强大的阻力。团队对他越来越不满，导致产品开发出现严重的问题，因此老板对他的能力也产生了怀疑，并且这种质疑慢慢地演变为不满。最后的结局可能大家都能预见到，就是小 A 被老板炒了鱿鱼。

小 A 的表现更像一个职业经理人，但糟糕的是他所处的职位是产品经理，他的产品之路尚未走踏实，就将触角伸向了更高的领域，明明应该在产品上深入，反而在管理上大费力气。这对于整个团队无疑是致命的，他的个人发展也不会很理想，因为没有企业会要一个具有职业经理人性格的产品经理，也没有企业会去招聘一个没有经验的职业经理人。

所以产品经理要摆正自己的姿态，谦虚好学才是王道，工作多年之后也不要忘记自己的初心。让团队尊重你的前提不仅仅是因为你拥有强大的气场，还因为你拥有美好的品德、对产品的热情、对他人的尊重，以及做产品的专业能力。产品经理这个岗位可以让你飞速成长，前提是你要不停地学习、不停地思考、不停地进步。

对团队当中我最大，请说"不"。

第十章

产品经理进阶指南

产品经理是一个主动思考的角色，想在产品经理的路上走得更远，只在专业能力上进行提升是远远不够的，还要在综合能力上进行突破（亦可以理解为软实力上的突破）。专业能力强的产品经理之间的差别主要在综合能力（软实力）。而这里所提到的综合能力通常是指个人对于生活的态度、对于人生的理解、对于学习的追求程度、对于失败的接受程度以及对于思考所能拓宽的维度等。综合能力是非常内在的，虽然它们没有专业能力那么显眼，那么惹人注目，但是它们却可以决定你能不能成为一个他人无法取代的产品经理，能不能站在产品经理岗位的金字塔顶端。

第一节　不惧开始，不畏失败

产品经理要具备强大的内心，坚强且不畏挫折、不畏失败；出现问题首先要思考如何解决问题而不是埋怨他人或者推卸责任；失败要具备强大的底气，失败不可怕，最可怕的是从此一蹶不振；不能惧怕从头开始，要有云淡风轻、笑看未来的心态。

为何产品经理要具备过硬的软实力，还要具备强大的内心？因为对于产品，产品经理是绝对的负责人；对于团队，产品经理是支撑整个局面的顶梁柱。每一个家庭都有一个中坚力量，通常担任这种角色的是丈夫，在家庭中丈夫所要承担的责任是最大的，而且作为中坚力量绝不能垮掉。在一个团队中，产品经理扮演的就是中坚力量这一角色，无论面对多么巨大的挑战、困难，产品经理都不能向后"退"，他要带领团队克服一切阻力尽力向前"冲"，冲破一切困难，到达成功的彼岸。

产品在开发阶段会有无数个开始，无数个失败。我曾经负责过产品的成长，我们的目标是实现产品注册转化率的正增长，在这个过程中我们要不停地重新开始，不停地找可以实现的策略或方案，要验证策略或方案是否可行，即使实验结果是好的，也会有很多功能上线后并没有实现产品注册转化率的正增长的情况，这在一定程度上意味着策略或方案失败。所以，产品经理要有不惧开始、不畏失败的勇气。

如果我们可以从失败中学习到经验教训，并可以让自己成长，那么失败就是有意义的，是为了更好地开始。失败在某种程度上是成长的捷径。

作为产品团队中坚力量的产品经理，应该始终对生活抱有激情，对从头开始充满信心，能正确认识失败，还要尽快从失败的阴影中振作起来，重新出发。正能量是可以相互传染的，如果产品经理一直抱有积极的工作态度，就会潜移默化地影响其他人，带给他人正能量。相反，如果产品经理每天都郁郁寡欢，充满负能量，那么这种负能量也会蔓延到整个产品团队，对于团队的整个士气也会造成一定程度的影响。

从头开始并不可怕，它可以让我们学习到更多的知识，掌握更多的本领，抛弃不适合自己的事物，迎接新鲜的可能更适合自己的事物。这并不是坏事，因为每个人的优势都是不同的，根据自己的优势找适合自己发展的领域才能使价值最大化。失败也不可怕，失败可以锻炼你的心智，磨炼你的心性，让你变得越来越强大。失败可以暴露你最大的不足，从而让你更快地成长。

产品经理要不惧开始，不畏失败！

第二节 沟通是产品经理的武器，团队是产品经理的利器

想实现有效的沟通就要做到以下两点：一是主动支援，二是主动反馈。当看到问题时，要主动与他人沟通，解决问题；当有事情安排到你这里的时候，要主动向他人反馈事情处理的结果。在信息爆炸的今天，企业需要的不只是一个有能力的人，更需要一个踏实稳重的人，要做到事事有回音，件件有交代，不要因为你不说别人也懂就选择不主动反馈，实际上，即使对方懂，你也要做到即时反馈。正是因为当今时代信息过度冗余，才更要做好信息的管理工作。

在与他人沟通的时候，要多注意地域之间的文化差异，要能理解对方的职业语言，要多观察他人的沟通方式，在与他人沟通的时候要采取对方认为的最舒服的方式，以保障沟通高效。产品经理大多情况下都是平行沟通。何为平行沟通？就是没有上下级之间的关系，通常比喻跨部门之间的沟通。在进行这类沟通的时候，要知道如何做到双赢，因为只有以双赢为前提，双方在整个沟通过程中才会达成共识。而要让自己的沟通水平不断提高，就要不断地充实自己，努力学习，努力实践。学会从不同的角度进行沟通，在与程序员沟通的时候以开发的角度切入，在与设计师沟通的时候以审美的角度切入，在与老板沟通的时候从更高的角度切入。沟通是产品经理的武器，通过有效合

理的沟通，可以让团队的整体效率得到显著提升。

团队是产品经理的利器，利用好团队中的每一个人，可以减轻产品经理工作上的负担，也可以让产品更加出色。想用好团队中的每一个人，就要以充分了解他们为前提，熟悉他们的长处，了解他们的短处，这就要求产品经理具备观察一个人的能力。能不能打造出优秀的产品与产品团队是否和谐与高效有密不可分的关系。想管理好团队，就要管理好人心。每个产品经理都要为产品团队服务，注意是服务而不是指挥，不能把权力当作管理团队的工具。身为团队的中坚力量，要以身作则，用更高的标准来要求自己，只有自己做得够好，才能在要求他人的时候有足够的底气。在与团队成员沟通的时候，除了要沟通具体的工作内容，更重要的是让每个成员都知道做这些工作的目的，因为他们的目标越清晰，工作的主动性就会越强。想要管理好团队，就要尊重每一个成员，尊重他们的工作时间，尊重他们的劳动成果。

对于产品经理来说，沟通是他的武器，团队是他的利器！

第三节　活到老，学到老，停滞不前无异于退步

上学时期，天真地认为毕业就相当于"解放"，因为不再有考试、试卷和书本。真正参与了工作才发现事情没有那么简单，上学的时候只需要学习书本上的知识，而进入社会后，需要学习的东西不仅没少，反而更多、更广泛、更具体。除了要不断升级硬技能，还要不断优化软技能。想在社会大环境中占有一席之地，就要不知疲倦地往前走。只有不断更新知识体系才能不断提升核心竞争力。我在走向产品经理这个岗位的时候，更加了解到学习的重要性。这是一条"不归路"，因为对于每一个产品经理来说，没有所谓的终点，需要一直向上攀登。这个岗位尤其需要具有活到老、学到老的精神，时代在进步，互联网技术也在进步，作为产品的制造者，更要走在前面，更快地进步。

这里，我要引用古典老师书中的精华内容："过去的先把学历读到无比高，然后一辈子靠这个混的策略已经过时了。未来的职业发展以3～5年为一个阶段，每个阶段都需要系统地学习新领域的知识。既然没有人能够单凭一段时间的知识积累获得竞争力，那么竞争力就属于整合能力最强的人——他能把过去的所有资源和能力都整合起来。"

竞争力是整合自身的能力，组织力是整合团队的能力，领导力是整合公司的能力，而推动社会进步则需要整合行业的能力。普通的产品经理要掌握竞争力、组织力和领导力。竞争力可以帮助其不断地提

高自身的专业素养，组织力可以帮助其带领好自己的产品团队，领导力可以帮助其创造出价值最大化的产品。

下面，我们从生涯规划的角度来看"能力观"。

（1）能力三核：能力由知识、技能和才干三者组成（见图10-1）。知识很难迁移，技能可在大部分职业中迁移，而才干是很多人才不可替代的原因。

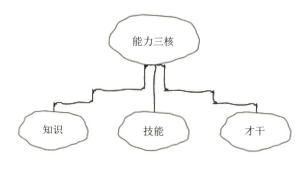

图10-1　能力三核

（2）把知识炼成技能，使技能内化为才干，一通百通。

（3）功不唐捐，连点成线。正是因为能力可以迁移，所以没有必要直到找到最合适的老板才开始锻炼能力。最佳的策略是在每个阶段都全力以赴，提高能力，遇到新的挑战再重新整合。

（4）未来的三大能力战略：学习、整合与翻译。

这四点内容也是我从古典老师的书中学习到的，"能力观"的内容是可以被任何人吸收并利用的，不仅仅对于产品经理，对于其他行业的人士也同样适用。

成功绝不是偶然的，人们很容易看到一个人外在的飞跃——升职、加薪，却很难看到他内在的发展——他怎么积累知识、如何获取机会、怎样获取资源等。一个人的成就往往不仅因为他的经历，更因为他的伙伴、他的对手，还有他的时代。任何人的成功都不是偶然的，当然会有运气的成分在，但是不可否认的是他一定付出过常人无法付出的努力，承受着常人无法承受的压力，接纳过常人无法接纳的误解。

人生共有四个维度：高度、深度、宽度和温度。

高度的最终价值是：影响力与权力。高度是一个清晰的人生隐喻——一个人能达到的高度越高，能获取越多的资源，看到更多的可能，但越往高处走，同行者越少。

深度的最终价值是：卓越和智慧。人们在思想、艺术与体能上达到的卓越与精进程度。

宽度的最终价值是：爱与和谐。追求高度如攀山，海拔越高平地越少；深度如挖掘，尺度越深知音越少；宽度会让我们从山顶和洞中走出，越走越宽，越来越多地与世界接触。宽度能让我们扮演好人生中的不同角色，让它们丰富又互相平衡。

温度的终极价值是：心灵的柔软。一个人具有温度，他才有能力去影响其他人，乃至整个团队。

提高每个维度的效能一开始带来的是幸福感，因为四个维度都在提升；但是效能的提升终有极限，越成长越会发现在不同维度间往返折跑会越来越难。那么如果你现在只能选择一个维度，你会选择哪一个维度？有很多人仍然会选择兼顾每一个维度，也就是为了不放弃权力、智慧、关系和自由，牺牲了自己本可在一个维度里获得大成的可能。人生会有很多选择。作为成年人，你要为自己的选择终身负责，自己选择的路，再艰难，也要走完。

做产品经理，仅仅是一个开始，只有不断地输入及输出，不断地学习、消化和成长，才能不断地前进，因为在这个时代，不进步就等于在后退，要想保持自己的核心竞争力，就要不断地解锁新领域、新能力、新视野，只有这样才能保障自己永远掌握选择权，永远有路可退。

产品经理，活到老，学到老。

第四节　爱分享，爱生活，才能做好产品

分享通常指自我知识体系的输出。

通常情况下，热爱分享的人都是那些对生活充满激情、内心充满爱的人。一个每天沉浸在自怨自艾中的人是很难分享的，因为他所有的时间都在与生活做斗争。分享可以分为两大类，一种是物质的分享，另一种是思想的分享，接下来主要谈论后者。从我自身角度探讨，写文章是一种分享，我可以将自己的知识分享给他人，显然这对于信息的接受者是非常有益的。我在分享的过程中可以获得成就感、帮助他人的愉悦感，也可以促使自己不断地输入。人类的知识储备是有限的，如果不自我输入，总会有分享枯竭的那一天。所以为了保证分享的永久性，我需要不停地"填满"自己，而这个填满的过程其实就是不断输入、升华的过程。

输入通常指知识的摄入。

每个人的现状存在区别，每个人的输入程度也不尽相同；有些刻苦的人每天都在不停地输入，而懒惰的人大多在毕业后输入的效率就变得极低了。大多数人可能处于输入的平均水平线上。你可能会认为那些不停输入的人更厉害，永远精力充沛。事实上我并不认同，你输入再多，却不消化、不输出，也无济于事。真正有意义的不在于你输入了多少，而是你从输入中吸收了多少，即有多少内容能被自己完全

消化。世界上那么多的思想家，那么多的著作，你即使读了很多，也无法成为哲学家。只有经过独立思考，经过自己独特的处理，这些内容才能真正属于你。这也是很多人貌似学了很多东西，却没办法学以致用的原因。效率很重要，在短时间内将输入内化为自己能够输出的东西更为关键。

输入同时也可以理解为精神上的营养摄入，如阅读、看电影、听音乐、绘画等。每个人都会有自己偏爱的输入方式，为自己的灵感库不断进货。将从外部获取的知识吸收、消化，最终内化为自己知识结构的一部分。

人生来就有情感表达的需要，不同的人实现情感表达的方式不同。作家的文章、舞者的舞蹈都如此。他们的情感表达不是为了某种形式上的艺术，而是一种最基本的需要——抒发情感，就像有些人需要在社交平台上表现自己一样。关于输出，大多数人持有的观点是：等我成功的时候再输出。本人非常不认同这样的做法。不要等成功了再去分享知识，而是要多渠道地输出、分享，这样才会加速输入，加速积累，加速内化，加速成长。唯一可以缩短成长时间的方法是：多历事。不要等着自己一点一点地输入，而是要不断逼迫自己输出，再倒推输入。输出—输入—输出—输入—输出—输入，只有这样才可以加速实现自我迭代升级（见图10-2）。

作为产品经理，要热爱分享，因为通过分享可以不断地获取对事物的新鲜看法，不断升华自己的思想；还可以不断地获取新知识，让自己的"知识储备库"越来越充盈，越来越饱满，最终让自己成长为无法被取代的人才。此外，我们要热爱生活，对生活始终保有激情，内心充满爱，这可以帮助我们始终保有正向的三观、正能量的状态，只有具备良好的状态，才能创造出更有价值的产品。

图 10-2　输入与输出要相互作用

附录 A

网易严选产品测评报告

网易系列产品的三大特色归纳起来就是：简单、有灵魂、有态度。网易旗下的产品都融入了网易的特色文化，让人一看就知道这是网易的产品（见图 A-1）。

网易严选 好的生活，没那么贵

图 A-1　网易严选品牌诉求

网易严选是网易旗下原创生活类自营电子商务品牌。网易严选整整耗时 5 年才上线运营。所谓 5 年磨一剑，网易严选仅前期准备工作就花费了 5 年的时间，由此可见网易对网易严选这个产品的重视程度和它做产品的态度——不投机取巧，不跟风爆点。

网易严选与其他众多的电子商务产品的区别到底在哪里？有什么独特之处呢？网易是一个电子商务企业没错，但它又是一个与众不同的电子商务企业。为什么这么说？因为在网易并不是什么商品都可以做主打商品，也不是什么商品都卖，在卖什么东西这点上网易很有自己的立场。它的主打商品是家居用品、母婴产品、中国传统的原生态饮食以及贴身衣服等这类人们必需的生活日用品。网易严选的标语是"好的生活，没那么贵"。这句标语与网易严选的经营模式息息相关。

网易严选由跨国品牌制造商供货，这就实现了工厂和消费者的直接对接，所有商品售价都遵循"成本价 + 增值税 + 邮费"的原则。网易将其品牌定义为自主品牌，通过制造商集成进入市场的直接方式，使电子商务企业与实体企业成为利益共同体。在商品甄选层面，网易严选可以说做到了严格把关、宁缺毋滥，这是因为其监管机制足够健全、足够严谨，从而可以保证产品品质。

在产品痛点分析层面，网易严选之所以能够区别于京东、淘宝这类电子商务企业，是因为它巧妙地形成了自己的不可替代性。网易严选的不可替代性可以用4个字来形容，那就是"生活品质"。目前，很多人的消费理念正处于从"功能性"消费向"精神性"消费转向的过渡过程中，越来越多的人开始关注具有商品美学、情感诉求、生活品质等这类文化特性的产品。所以网易严选这类产品的存在有其必然性，这与日本无印良品的存在如出一辙。有需求就会有供给。

在产品定位层面，网易严选具有比较高的产品价值——为老百姓提供优质、高端的产品。产品销售的主要目的是为公司谋利，但是产品的格局则体现在它能否满足人性的需求上。因此，可以说网易严选是一家典型的靠"精神"需求赚钱的企业（见图A-2）。

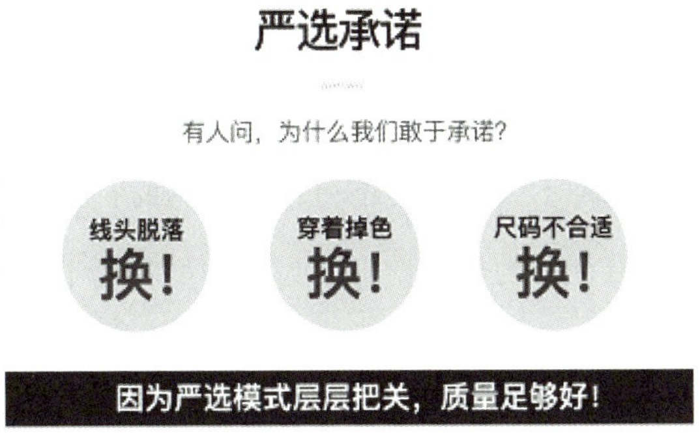

图 A-2　严选承诺

在用户群体划分上，前面说到网易严选满足了人们追求"生活品质"的需求，所以网易严选的目标用户可以说是中上层群体。通常来说，只有当物质条件得到满足后，人们才会追求可以让身心愉悦的所谓的"生活品质"。所以，这类人通常不会追逐低价商品，他们更在意的是这个"物品"是否干净、是否健康、是否有机、是否高端、质量是否过关。所以，在网易严选我很少看到超低售价的商品，这与其目标用户群体有一定的关系（见图A-3）。

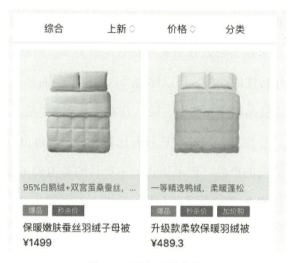

图A-3 网易严选商品

这就好比：在餐饮领域有价格高到离谱的五星级餐厅，也有价格实惠的大排档。两种不同的饮食都可以让人饱腹，但是就餐体验却全然不同。两者都有存在的合理性，因为它们都有属于自己的目标用户群体，并不存在相互竞争的问题。

最后在产品App界面上，不得不承认的一点是，无论网易旗下有多少App，只要一打开，就能知道这是网易的App，所有的网易App虽然内容不尽相同，但它们都是成体系的。我本人非常喜欢网易App的界面设计，简单又不失格调。自成一派大概就是网易做产品设计的态度（见图A-4）。

图 A-4 网易严选界面

对于这款 App,从产品经理的角度进行深入分析,就会发现其细节的完美。从个人角度来说,我特别喜欢这类比较简洁的界面风格,在用色方面也可以感觉到网易严选的高雅——没有各种鲜艳颜色的叠加,这种极其单调的颜色仿佛更能准确地代表生活品质。人们都说:人靠衣装,马靠鞍。对于产品来说,界面就是它的"衣装"、它的"鞍"。

当下,电子商务在中国已经遍地开花,前有淘宝、京东等,后有追赶风潮的各类小企业,未来,网易严选能否在众多电子商务企业中脱颖而出还是未知数,但是我相信在这样的商业模式下,网易严选可以有明朗的前景。对于产品经理来说,网易做产品的精神绝对值得学习。

附录 B

Keep 产品测评报告

健身不仅是一种生活态度，也是一种工作态度。一个对身体要求苛刻的人，在工作上必将有所成就。读书与健身是性价比非常高的增值方式，读书会使你的智慧增值，而健身会使你的健康增值。

Keep 是一款优秀的产品，它具有正面的产品理念，这也是它能够得到许多企业融资的原因（见图 B-1）。

图 B-1　Keep 广告语

在产品痛点分析层面，Keep 考虑了以下用户的需求。

用户 1：我有大量碎片化的时间却不知如何利用。时间段都比较短，通常是 10~20 分钟，如果去看电视、刷视频，又会觉得没有得到什么。

用户 2：我想减肥，但是又不知道如何有效率地减脂。

用户 3：我想找私教进行训练，但是又不想花费大量的金钱。

用户 4：我对健身有一定的了解，也有去健身房的经验，但是我对动作要点了解得不够充分，害怕弄伤身体或者健身不到位。

用户5：我懂得如何健身，但是我希望有一款App，它可以控制我健身的时间和动作发生的频率，让我可以更有效率地健身。

用户6：我是一个健身达人，很想找到一个健身圈子，结识一些志同道合的朋友与他们交流互动。

用户7：我因为健身有了一副非常健美的身躯，希望可以分享出来，激励他人健身。

这些用户的不同需求，Keep都可以满足（见图B-2）。

图B-2　Keep App 运动界面

在用户群体划分层面，显然Keep的目标用户群体是那些热爱运动、热爱健身，对身材有较高要求的人。对于经常健身的人，Keep为你量身打造要训练部位的步骤；对于初出茅庐的健身爱好者，Keep会从热身开始教你如何健身。Keep就如同你的专人私教，可以使你足不出户、不多花一分钱就能享受健身带来的快乐。

在增加产品黏性的层面，Keep 除主打健身外也有社交功能（见图 B-3）。在 Keep，你可以看到如同朋友圈一样的专区，在这个专区中你可以看到很多热爱健身的人发表的有关健身的动态，这不仅可以让你快速寻找志同道合的人，也会激励你坚持运动与健身。当然如果你愿意，你也可以做一个社区输出者，将你的照片主动分享出去，激励自己的同时也激励他人。

图 B-3　Keep 社区

在 App 界面层面，Keep 与网易严选如出一辙。Keep 的整体界面风格相对来说是比较简洁的，用色也比较统一，长时间使用下来，你会觉得很舒服。同时，Keep 的 App 界面在功能设计方面也做到了人性化。

最后总结一句：你可以不爱健身，但请记住，为了健康你要坚持运动。